U0895530

双语译林
壹力文库
162

〔英国〕威廉·莎士比亚等 著
陈才宇 译

永不凋谢的紫罗兰
——英美爱情诗歌选

译林出版社

目　录

序　言……………………………………………………………………1

英国部分

1　好妹妹，快醒醒 ……………………………………………………3
2　瞎子吃下许多苍蝇 …………………………………………………4
3　鸟儿回旋曲 …………………………………………………………7
4　无情美人回旋曲 ……………………………………………………9
5　冬青发新枝 ……………………………………………………… 10
6　我还能有何言 …………………………………………………… 12
7　恳求你 …………………………………………………………… 14
8　甘美的季节 ……………………………………………………… 16
9　十四行诗第 54 首……………………………………………… 17
10　十四行诗第 75 首 …………………………………………… 18
11　林中仙女答牧羊人……………………………………………… 19
12　交易……………………………………………………………… 21

13　他的狄安娜 …… 22
14　戴菲妮娅 …… 24
15　爱是一种病 …… 26
16　如果这就是爱 …… 28
17　痴情的牧羊人致爱人 …… 29
18　春之歌 …… 31
19　听！听！云雀 …… 33
20　十四行诗第 18 首 …… 34
21　十四行诗第 129 首 …… 35
22　十四行诗第 154 首 …… 36
23　她的脸上有一座花园 …… 37
24　你并不美 …… 39
25　千万别恋爱 …… 40
26　春光 …… 41
27　别再哭泣 …… 42
28　歌 …… 43
29　早安 …… 45
30　太阳升起 …… 47
31　离别赠言：说眼泪 …… 49
32　离别赠言：莫悲伤 …… 51
33　歌：致西丽娅 …… 54
34　女人是男人的影子 …… 56
35　总是衣冠楚楚 …… 57
36　晨曲 …… 58

37 我爱过一位美丽的姑娘…………………………………………… 60
38 致少女：珍惜时光 ………………………………………………… 63
39 砍樱桃枝…………………………………………………………… 65
40 歌…………………………………………………………………… 66
41 致不忠的情人……………………………………………………… 68
42 歌…………………………………………………………………… 69
43 致亡妻……………………………………………………………… 71
44 痴心的情人，你的脸为什么如此苍白？ ………………………… 73
45 出征前致露卡斯塔………………………………………………… 75
46 狱中致爱尔西娅…………………………………………………… 76
47 致害羞的情人……………………………………………………… 78
48 再见吧，负心汉…………………………………………………… 81
49 归…………………………………………………………………… 83
50 尽管她不忠于我，不忠于爱情…………………………………… 85
51 我的玛丽…………………………………………………………… 86
52 美丽的杜恩河……………………………………………………… 90
53 风能吹向四面八方………………………………………………… 92
54 可爱的阿夫顿河…………………………………………………… 93
55 一朵红红的玫瑰…………………………………………………… 95
56 约翰·安德生，我的欢乐………………………………………… 96
57 病玫瑰……………………………………………………………… 97
58 爱的花园…………………………………………………………… 98
59 孤独的刈禾女……………………………………………………… 99
60 她居住在杳无人烟的地方………………………………………101

61 昏睡封闭起我的神志…………102
62 与你共度一小时…………103
63 爱情的火炬驱散幽暗…………105
64 自由与爱情…………106
65 她在美中行走…………108
66 我们将不再游荡…………110
67 当初我俩分手…………111
68 歌…………113
69 爱的哲学…………114
70 致——…………115
71 初恋…………116
72 致玛丽：这会儿是黄昏…………118
73 我担心…………120
74 灿烂的星…………121
75 露丝…………122
76 再说一遍吧…………124
77 我如何爱你，让我诉诉衷肠…………125
78 我死后，请别来…………126
79 绚丽的晚霞…………127
80 无论如何，我不会妒忌…………129
81 夜中幽会…………130
82 爱…………131
83 我已故的公爵夫人——费拉拉…………132
84 如果悲伤对悲伤能使你动情…………136

85　忆……………………………………………………………138
86　渴望…………………………………………………………140
87　闪光…………………………………………………………142
88　歌……………………………………………………………144
89　回声…………………………………………………………146
90　生日…………………………………………………………147
91　有爱就足够…………………………………………………148
92　舞台之爱……………………………………………………149
93　伊堤罗斯……………………………………………………151
94　安魂祈祷……………………………………………………155
95　圣瓦伦丁节…………………………………………………157
96　镇上的暴风雨………………………………………………158
97　堕落的姑娘…………………………………………………159
98　爽约…………………………………………………………161
99　哟，当我爱上你时…………………………………………162
100　我们走过田野 ……………………………………………163
101　道路漫漫伸展在月光下 …………………………………165
102　我的心里充满忧伤 ………………………………………166
103　丽达与天鹅 ………………………………………………167
104　赛莱公园附近 ……………………………………………169
105　当你老了 …………………………………………………170
106　千万别献出你的整颗心 …………………………………171
107　哦，心上人，你来听听 …………………………………172
108　一天傍晚，我走出家门 …………………………………174

美国部分

109 临产时致爱人 ……181
110 哟，绝色的乡下姑娘 ……183
111 一切献给爱 ……185
112 致海伦 ……189
113 安娜贝尔·莉 ……191
114 乌鸦 ……194
115 爱情即缓即疾 ……205
116 我曾经路过一个人口稠密的城市 ……206
117 有时我跟所爱的人在一起 ……207
118 灵魂挑选自己的同伴 ……208
119 我为美而死 ……210
120 像其他东西，爱情已不适宜我们这年纪 ……211
121 我的生命在终结前已终结过两次 ……212
122 黄昏之歌 ……213
123 歌唱树和我的主人 ……214
124 艾尔莎·维德曼 ……215
125 鲁本·布莱特 ……217
126 新英格兰 ……219
127 金色的一天 ……220
128 少妇 ……221
129 贵妇的肖像 ……222
130 女孩 ……224
131 影子 ……225

132 黑色的拖鞋：贝罗蒂 ……226
133 在地铁车站 ……227
134 花园 ……228
135 小谣曲 ……229
136 海伦 ……230
137 回廊 ……232
138 我生来就是个不幸的女人 ……233
139 当生命到了尽头 ……234
140 致罗斯姨妈 ……236
141 来自幸存者 ……240
142 隐喻 ……242
143 十月的罂粟花 ……243
144 对手 ……244
145 郁金香 ……246

序　言

爱情是什么？爱情是两性间一种难以名状而又魅力无限的情结。它有时是健康的，有时是病态的；有时在皆大欢喜中让你获得大满足，有时在刻骨铭心的悲痛中铸成人生的大痛苦。试想一下：你一片痴情爱上一位异性，这段经历消耗你好几个年头的生命，到头来却发现自己付出的爱像水一样白白流失。她（或他）受某种陈腐观念的束缚，不敢接受你虔诚奉献的玫瑰，或者根本就麻木不仁，不珍惜你情感的价值，这时你心里是怎样的滋味？你会不会痛心疾首，像《瞎子吃下许多苍蝇》的作者那样，用刻薄的语言来诅咒你的爱人？如果你这样做了，先不论你的认识是否有失偏颇，你已经有了自己的关于“爱情是什么”的答案了。

不错，人类最复杂的情感莫过于爱情了！难怪世世代代的文人骚客总要围绕这个主题喋喋不休，再三宣称它是文学永恒的主题。他们不断描绘爱情的情状，不惜引用自己的隐私说事，无奈仍揭不开爱情的谜底。但在这种徒劳的探索中，人类的文学宝库却增添了许多闪光的诗篇，如马韦尔的《致害羞的情人》，彭斯的《一朵红红的玫瑰》，爱伦·坡的《安娜贝尔·莉》，普拉斯的《对手》，等等。

2000 年，上海一家出版社出版过我编译的英美爱情诗歌选集。现我以那个本子为基础，增添必要的篇什，以加强这一类别的作品在文学史意义上的系统性。不敢说英美两国最优秀的爱情诗篇在这里已一览无余，但窥豹之用一定还是有的。至于书名，就叫作《永不凋谢的紫罗兰》吧，因为紫罗兰是一种神秘而优雅的爱情之花，据说还是维纳斯女神的眼泪幻化而成的。

译文会有诸多不如意处，好在原文也一同印出，方便读者直接通过原文欣赏诗歌的美，并对我的译文提出指正。

陈才宇　2017年元月

于杭州寓所

英国部分

1　好妹妹，快醒醒

无名氏[1]

好妹妹，快醒醒，睁开眼睛，
白昼已袒露她的光芒，
晴朗的早晨直起腰身
爬出了她的玫瑰眠床。

明净的太阳，大地的明眸，
正朝我们的窗口张望，
看哪，他的脸已涨得通红，
只因发现贪睡的姑娘！

醒醒吧！好妹妹，快醒醒！
让我们打扮得花枝招展，
即刻动身，即刻动身，
到花园寻找我们的情人。

---

① 无名氏情诗（Anonymous Lyrics）是一个不太科学的分类名称，但可以用来包容所有流传在民间，但无法确定作者的抒情类诗歌作品，包括完全属于民间集体创作的民歌和佚名的文人作品。中古英语时期这种诗歌数量很大，按题材大致可分世俗的（secular）和宗教的（religious）两类。世俗类中表现平民百姓喜怒哀乐的作品具有很高的艺术价值。

2　瞎子吃下许多苍蝇

无名氏

恋爱的人们，请你们千万小心，
别让情欲使你变得过分痴情。
眼睛所见的一切不要太迷恋——
参孙力大无穷，所罗门是圣人，
只因过于轻信，都曾上当受骗。
明眼人懂得眼见为实的道理。
请记住：瞎子吃下许多苍蝇。

我是说，女人尽管一个个长得端正，
但不能太信任：她们的许诺缺乏真诚。
她们美丽的外表可用脂粉化妆，
她们的忠诚只能维持一百个晚上。
因为她们明里多情，暗中无义，
她们无不是天生的杨花水性。
请记住：瞎子吃下许多苍蝇。

男人如把女人的感情过于当真，
那他到头来一定会自食其果。
因为女人见异思迁，说翻脸就翻脸，

闪光的并非都是金子——男人啊，请小心！
女人的阴毒隐藏在迷人的伪装里，
你别想轻而易举就将它戳穿。
请记住：瞎子吃下许多苍蝇。

尽管整个世界都在忙个不停，
千方百计让女人变得忠贞守信。
但这办不到，这有违她们的天性，
要让她们无二心，除非乾坤颠倒。
她们只会笑不会爱——这一点最肯定，
想要她们靠得住，只是痴心妄想。
请记住：瞎子吃下许多苍蝇。

女人天生有三件护身法宝：
首先，她们最善于作假弄巧，
其次，欺骗是她们的拿手好戏，
再次，她们有的是花招和诡计。
她们要哭就哭，其实别有用心，
只要她们愿意，眼泪就在眼里，

请记住：瞎子吃下许多苍蝇。

说实话，即使这黑咕隆咚的世界，
全都变成光滑而白净的羊皮纸，
即使那无边无际的大海洋，
全变成黑得不能再黑的墨水，
每根树枝变成笔，人人成作家，
也写不完女人的虚伪和阴险。
请记住：瞎子吃下许多苍蝇。

3　鸟儿回旋曲

乔叟[1]

欢迎，夏天！你率和煦的阳光
击退这冬天的严寒与霜雪，
驱逐那漫长而漆黑的暗夜！

圣瓦伦丁，你头戴高高王冠，
为了你，小鸟儿都在欢歌：
欢迎，夏天！你率和煦的阳光
击退这冬天的严寒与霜雪。

小鸟儿有理由不停地欢唱：
它们在灌木丛中求偶觅侣。
哟，那是何等美妙的晨曲！

---

① 杰弗雷·乔叟（Geoffrey Chaucer，约1343—1400），生于伦敦的一个商人家庭，当过海关监督、法官和下院议员。曾出使法、意等国。著有长诗《特罗勒斯与克丽西德》和《坎特伯雷故事集》。从他开始，英国文学真正步入作家创作的时代。17世纪作家德莱顿称他为“英国诗歌之父”。由于《坎特伯雷故事集》具有高度的现实意义，后人又称他为“现实生活的诗人”（a poet of real life）。

欢迎，夏天！你率和煦的阳光
击退这冬天的严寒与霜雪，
驱逐那漫长而漆黑的暗夜！

4　无情美人回旋曲

乔叟

你那双大眼睛能瞬间杀死我，
它们的美足以夺走我的安宁；
我的心被刺穿，伤口剧痛难忍。

若要治愈这颗伤痕累累的心，
唯一的良药是你的妙语嘉言。
你那双大眼睛能瞬间杀死我，
它们的美足以夺走我的安宁。

请相信我吧，我的话句句是真：
今生和来世，你都是我的女王；
等我死后，天日见证我的衷肠。
你那双大眼睛能瞬间杀死我，
它们的美足以夺走我的安宁；
我的心被刺穿，伤口剧痛难忍。

5　冬青发新枝

亨利八世[1]

冬青发新枝，
地锦翠如斯，
冬风任肆虐，
冬青发新枝。

冬青发新枝，
青翠素如许，
我对心上人，
忠贞永不渝。

百花凋落尽，
千树绿叶无，
冬青与地锦，
两木独翠绿。

---

① 亨利八世（Henry VIII，1491—1547），英国国王，1509—1547年在位。亨利七世之子。1534年国会通过《至尊法案》，宣布国王为英国教会最高领袖，将英格兰圣公会立为英国国教，从而提高了王室在教会中的地位。他先后娶过六个妻子，其中两个被离弃，两个在伦敦塔被处死。

我对心上人，
守信无旁骛，
他姝皆陌生，
我心唯她属。

辞别心上人，
辞别姣丽妻，
我情深且诚，
我爱无终期。

6　我还能有何言

怀亚特[①]

既然信任已死，
真诚也已经
从你处遁逸，
我还能有何言？
难道你有二心，
我也该隐忍？
不，不，夫人！

我曾许诺过你，
你也曾许诺过我：
你要待我真诚，
一如我真诚不渝。
但你用情不专，
我既已认清，
就只好说再见！

① 托马斯·怀亚特（T. Wyatt，1503—1542），最先用英语创作十四行诗的英国诗人。毕业于剑桥圣约翰学院，做过亨利八世的重臣。曾与后来成为亨利八世继室的安娜·玻琳有过爱情纠葛，他的许多诗篇都是为她而写。

与你分离，
违我心愿，
但你背信弃义，
我焉能视而不见！
既然已经知情，
我只能相信。
再见吧，不义的女人！

你曾经说过，
我应永远
对你奉命唯谨，
这你怎能忘记？
如今你如此绝情，
把我一直蒙骗。
再见吧，不贞的女人！

7 恳求你

怀亚特

你就这样弃我而去？
可耻啊可耻！说声不吧；
以免世人把你非议，
都说我的痛苦因你而起。
你就这样弃我而去？
说声不吧，说声不！

你就这样弃我而去？
不管是祸是福，
我对你始终一往情深；
你的心就这么硬？
就这样永远把我抛弃？
说声不吧，说声不！

你就这样弃我而去？
我已经献出我的心，
不管天崩或地裂，
从此与你再不分离。
你就这样弃我而去？

说声不吧，说声不！

你就这样弃我而去？
从此对爱你的人
不表一丁点儿怜悯？
哎呀，你真残忍！
你就这样弃我而去？
说声不吧，说声不！

8　甘美的季节

萨利伯爵[①]

甘美的季节，万物萌芽吐艳，
山谷到处青翠苍茫，
羽毛换新的夜莺在歌吟；
斑鸠跟伴侣私语侃侃，
夏天来临，万象都在更新；
雄鹿在自己的领地把头高昂，
公羊将冬衣抛弃在丛林，
鱼儿长出新鳞，在水中游荡；
小蝰蛇已将旧皮蜕尽，
疾飞的燕子将小虫追逐，
忙碌的蜜蜂为采蜜操心，
令鲜花蒙难的冬天已经过去。
这一切都是我所见的韶华淑景，
但忧虑一一消亡，我却徒生悲伤。

---

① 萨利伯爵（Earl of Surrey，1517？—1547），原名亨利·霍华德，诺福克公爵之子。他和他的父亲都被亨利八世以叛国罪处死。他在诗歌方面的重要贡献是创造了素体诗（blank verse）。他还首创了一种十四行诗的新形式（abab cdcd efef gg），深受文艺复兴时期诗人的喜爱。莎士比亚的十四行诗就是按这个押韵格式写的。

9 十四行诗第 54 首

斯宾塞[①]

我们所处的是一座人间戏院，
我的爱人闲坐着，就像那观众：
她看我将各种各样角色扮演，
不断换装，以掩饰智慧的贫穷。
有时兴致所致，我会喜气融融，
就像喜剧演员戴着面具逗趣，
但不久我的欢颜变成了愁容，
悲叹着，演绎起那人生的悲剧。
她看着我，目光始终那般超脱，
不因我喜而喜，不因我愁而愁：
我哭她笑，我笑时她报以奚落。
究竟什么能打动她？非喜非忧，
她不是女人，只是无情的石头。

---

① 爱德蒙·斯宾塞（Edmund Spenser，约 1552—1599），诗人。生于伦敦塔附近的东史密斯菲尔德，毕业于剑桥大学。著有《牧羊人日历》、十四行诗集《小爱神》《婚曲》，最重要的作品是史诗《仙后》（原计划写 12 卷，结果只完成 6 卷）。由于他对诗歌技巧和韵律的把握胜人一筹，人称“诗人的诗人”（a poet of poets）。《仙后》采用九行体，押 ababbcbcc 韵。九行体在英国诗歌史上也被称为“斯宾塞诗节”（Spenserian stanza）。

10　十四行诗第 75 首

斯宾塞

那天我在沙滩上写她的名字，
海浪扑来，把它冲得一干二净：
我随后便将它重新写了一次，
潮水又来，我的劳作化为泡影。
“徒劳啊，”她说，“你不必那么用情，
凡事都有定数，永恒不可企望。
我自己就不免腐朽，归于幽冥，
我的名字也一样会被人遗忘。”
“不，”我回答，“得让卑贱之物消亡，
你一定得享受那不朽的美名，
我写下的诗将使你百世流芳，
你的名字一定得铭刻在天庭。
尽管死神能将这个世界征服，
我们的爱将活着，生命将延续。”

11　林中仙女答牧羊人[①]

劳利[②]

如果世界与爱情天真无邪，
如果牧羊人说话至诚殷切，
这些赏心乐事也许会使我动情，
诱使我跟你一道生活，做你的爱人。

但当河水泛滥，岩石就变得冰凉，
时光将羊群从田野赶回羊栏。
这时夜莺也将沉默无语，
万物都抱怨即临的忧虑。

百花凋谢，草木繁茂的田野
被暴戾的冬天摧残得苍凉萧瑟，
一张甜蜜的嘴，一颗刻毒的心，

---

① 此诗为应和马洛的《痴情的牧羊人致爱人》(见后文第 17 首)而作，意在讽刺牧歌式的田园生活的非现实性。

② 瓦尔特·劳利(Walter Raleigh，1554—1618)，政治活动家、军事统帅、航海家、音乐家和历史学家，同时又是诗人。出生于名门望族，在牛津大学就读不到一年便弃学从军。一生从事航海和殖民活动。1603 年，因叛国罪被囚禁于伦敦塔。1616 年获释，赴圭亚那寻找金矿。1618 年 10 月被处死。著有《世界史》(1614)。

那便是想象的春光，悲伤的秋天。

你的礼服，你的鞋，你的玫瑰床，
你的花束，你的绿裳，你的凤冠，
一旦过于成熟，在恶劣的季节里——
便很快枯萎，很快破损，很快被弃。

你麦草与常春藤织成的腰带，
你珊瑚的襻扣，琥珀的饰纽，
这一切都很难使我动情，
诱使我来到你身边，做你的爱人。

但如果爱情不衰亡，青春能持久，
如果欢乐既无尽期又无图谋，
那这些赏心乐事也许能使我动情，
诱使我与你一道生活，做你的爱人。

12 交易

锡德尼[1]

我的心上人拥有我的心，我拥有他的心，
这是一笔一物换一物的交易；
他的心我无比珍视，我的心他也不会遗弃，
因为世上的买卖没有比它更合理：
我的心上人拥有我的心，我拥有他的心。

他的心在我这里，使我俩合二为一，
我的心在他那里，为他的思想和感情掌舵；
他爱我的心，因为这心早已属于他自己，
我抱有他的心，因为我就是它的寓所：
我的心上人拥有我的心，我拥有他的心。

---

① 菲力普·锡德尼（Philip Sidney，1554—1586），文论家、诗人，著有文论著作《为诗一辩》。写过《阿卡迪亚》等诗篇。他还是较早从事十四行诗创作的人，据说斯宾塞的《爱情小诗》和莎士比亚的十四行诗都是在他的影响下写成的。

13　他的狄安娜[①]

格雷维尔[②]

别理会顾影自怜的少年，
丘比特不会向他们射出金箭。
别理会悲悲戚戚的可怜虫，
爱情已在眼前，他们还躺着做梦；
丘比特是个草泽之神，
不会强制人跟他的权杖亲吻。

丘比特的神箭有如命运，
善与恶全由他一手裁定；
惩罚出自他那张神弓，
奖掖追随着他的行踪。
哪个傻瓜不明白这道理？
爱情有他自己喜欢的法律！

---

① 此诗创作于 1600 年，原文 Cynthia 又可译成“铿提亚”，传说勒托在得罗斯岛的铿托斯山上生下阿波罗和阿耳忒弥斯（即狄安娜），这个名字由此而来。

② 伏尔克·格雷维尔（Fulke Greville，1554—1628），诗人、散文家。毕业于剑桥大学基督学院，做过宫廷官员，1621 年封爵。与锡德尼私交甚笃，著有《锡德尼爵士的一生》。诗歌代表作是《玛斯塔佛》。

我的歌要将狄安娜礼赞，
每逢圣节我都把她的戒指戴上，
每棵树上我都写下她的芳名，
每天我都要把它读上几遍。
丘比特的敌手出现在哪里，
哪里就能见到种种奇迹。

如果狄安娜向我索回戒指，
我就在树上抹掉她的名字。
如果猜忌弄脏了珍贵的东西，
那一年一度就不必举行祭礼。
许多人赛跑，夺魁只有一人，
只有傻瓜才让布谷鸟陷入窘困。

感化的力量就是爱情的价值，
这也正是爱情所应有的权益。
爱不仅仅属于那班贵人达官，
牧羊人一样能爱得披肝沥胆。
不错，美丽的仙女可敬可亲，
但没有爱情，对我不值一文。

14　戴菲妮娅

康斯泰布尔[①]

戴菲妮娅像一朵水仙，
太阳般高洁，百合般娇艳，
哎呀，我对你何等爱慕！
我爱你就像母羊
百般疼爱它的幼崽；
如果你也如此待我，那我多么幸福！

戴菲妮娅像一丛飘香的玫瑰，
芬芳的百合簇拥在你的周围，
美人呀，我对你何等爱慕！
我爱你就像那一朵朵鲜花，
向往赋予生命的韶华；
即便我死了，你的气息仍能使生命复活。

戴菲妮娅听完我的赞词，

① 亨利·康斯泰布尔（Henry Constable，1562—1613），诗人。毕业于剑桥大学圣约翰学院。做过罗马教皇的特使，1603年被囚于伦敦塔，次年获释。擅长写十四行诗。1613年逝世于比利时的列日。诗集有《狄安娜》（1592）。

开心得有点情不自制，
快活的人呀，我对你的爱慕
就像鸟儿爱慕春光，
蜜蜂拥戴它们的蜂王！
请以爱相报吧，我的姑娘！

15　爱是一种病

丹尼尔[①]

爱是一种病，充满苦恼，
治疗它没有灵丹妙药，
树木多加修剪才能长高，
果实结得最少，用途反而最妙。
何以如此？
我们越喜欢的东西越快衰亡，
如果置之不理，它只有徒劳哀叹。
噢，原来这般！

爱是心灵的一种折磨，
一场旷日持久的风暴，
天神早已把它创造，
既不完美，又不健全，更不坚牢。
何以如此？

---

① 塞缪尔·丹尼尔（Samuel Daniel，1562—1619），诗人、剧作家，父亲是音乐家。毕业于牛津大学。曾尝试用诗来写历史，代表作是描写玫瑰战争的《内战》。戏剧作品有《显身的十二女神》《女王的阿卡迪亚》《许门的胜利》等。

我们越喜欢的东西越快衰亡，
如果置之不理，它只有徒劳哀叹。
噢，原来这般！

16　如果这就是爱

丹尼尔

如果这就是爱，那我得疲惫地叹息；
我把画描绘在海上，海岸也为我仰天鸣冤，
它回首下界，只见地面上依依稀稀
兀立着我绝望的爱的残垣。
如果这就是爱，我的灵魂就无法安宁，
我会倒地哀号，或起身悲歌，
滚动那永无休止的烦恼之轮，
一个劲地诉怨，痛苦仍无从摆脱；
如果这就是爱，那我已身陷深渊；
我徘徊在荒野，孤独地哀吼，
欢乐变成恐惧，欢歌化为挽曲，
泪珠含在眼中，悲哀深藏心头。
如果这就是爱，我无异于一具行尸，
虽然拥有爱，却永远疲惫地叹息。

17　痴情的牧羊人致爱人

马洛[①]

来吧，跟我一起生活，做我的爱人，
天地间的欢乐我们都去追寻，
溪谷、山丘、田野、树林与高山，
无处不是其乐融融的地方。

我们将一块儿坐在岩石上，
看同伴放牧成群的绵羊，
浅水河湾流水声儿淙淙，
歌喉甜润的鸟儿情歌唱得融融。

你的床我要用玫瑰来制造，
再饰以一千束芬芳的花草。
无数朵鲜花织成你的凤冠，
爱神木的叶子装点你的衣裳。

---

① 克利斯朵夫·马洛（Christopher Marlowe，1564—1593），戏剧家、诗人。毕业于剑桥大学，号称“大学才子”。代表作是诗剧《浮士德博士的悲剧》。马洛的诗以气势雄伟、比拟大胆、富于夸张著称。但生活中，他是爱惹是生非的人：1589 年，曾参与一次街头的斗殴；1592 年，曾因图谋制造假币被荷兰政府驱逐出境。1593 年，在小酒店因付账与人发生争执，被人刺死。

你的礼服用的是最好的羊毛，
那羊毛我们取自可爱的羊羔。
你御寒的鞋子里衬舒适，
那扣结用的是最纯的黄金。

麦草与常春藤的蓓蕾织成你的腰带，
那上面有珊瑚的襻扣，琥珀的饰纽：
如果这些赏心乐事能使你动情，
来吧，与我一道生活，做我的爱人。

每一个五月之晨都充满欢愉，
牧童们将为你载歌载舞：
如果这些赏心乐事能使你动心，
来吧，与我一道生活，做我的爱人。

18 春之歌[①]

莎士比亚[②]

当五颜六色的雏菊开放，
蓝色的紫罗兰，银白的剪秋罗，
杜鹃花的蓓蕾吐露娇黄，
整个原野绘出一片欢乐，
布谷鸟却栖息在每棵树上，
讥嘲娶妻的呆男，它们这样唱：
“苦苦！
苦苦，苦苦！”——啊，可怕的声音，
做丈夫的听了何等伤心！

当牧羊人把麦笛吹奏，
欢快的云雀把农夫唤醒，

---

① 此诗见于《爱的徒劳》第五幕，为小丑演唱的收场诗。

② 威廉·莎士比亚（William Shakespeare，1564—1616），剧作家，诗人，1564年生于英格兰沃里克郡埃文河畔的斯特拉特福镇。父亲曾经担任过镇长。镇上有一所文法学校，是莎士比亚接受教育的地方。1582年与年长他8岁的安妮·哈撒韦结婚。大约于1586年离开家乡，赴伦敦谋生。一开始在剧院跑龙套，后来为剧院编写剧本，拥有环球剧院的股份。他一生共写出喜剧13部，历史剧11部，悲剧10部，传奇剧5部，长诗2首，十四行诗154首和若干短诗。在学术界，有“说不尽的莎士比亚”之说。

斑鸠和乌鸦忙着觅侣求偶，
姑娘们洗涤夏季的衣裙，
布谷鸟却栖息在每棵树上，
讥嘲娶妻的呆男，它们这样唱：
“苦苦！
苦苦，苦苦！”——啊，可怕的声音，
做丈夫的听了何等伤心！

19　听！听！云雀[1]

莎士比亚

听！听！云雀在天门歌吟，
福玻斯已经起驾，
在鲜花盛开的泉边
正饮他驾驭的骏马。
晶莹闪烁的金盏花，
睁开金色的眼睛，
美好的事物都已苏醒，
醒醒吧，我的美人，
醒醒，醒醒！

① 见于《辛白林》第二幕第三场。

20　十四行诗第18首

莎士比亚

我是否可把你与夏天比美？
你比夏天更可爱亦更温和：
狂风吹落五月艳丽的花蕾，
夏日的赁期总是匆匆而过。
天上的巨眼有时照得太热，
它那金彩的脸庞常被遮挡；
美的事物总不免美颜凋谢，
机缘与自然使美渐次消亡；
但你永恒的夏天永不沉沦，
你拥有的美决不与你分开。
死神不能夸你身陷其阴影，
永恒的诗行使你与时同在。
只要人在呼吸，眼睛看得清，
这诗便活着，并赋予你生命。

21 十四行诗第 129 首

莎士比亚

损耗着精气，还伴随着耻辱，
这就是宣泄情欲；宣泄之前，
情欲即为伪证、凶杀和血污，
还有残暴、无信、野蛮和极端；
快乐刚过去，旋即产生厌腻；
丧智的追求，但追求一得手，
便是丧智的恨，像吞了诱饵，
只怪人家下套，害他昏了头。
追求时疯狂，占有时也疯狂，
分不清今天明天，贪无止境，
云雨时上天堂，云雨后懊丧，
期待着大欢喜，事后一场梦。
情欲是天堂，能引人下地狱，
这道理谁都懂，仍趋之若鹜。

22　十四行诗第 154 首

莎士比亚

有一天，小爱神正昏睡沉沉，
点燃爱情的火炬搁在一边；
恪守贞操的山林水泽女神
款款而至；那位最美的女仙
举起火炬，用她纯洁的手
解除了爱神的武装；这火炬
曾让无数情人获得爱的温柔；
爱情的统帅，此时睡得正熟。
仙女将火炬熄灭在冷泉中，
泉水从此获得恒爱的热力，
变成温泉，治人间各种病痛。
而我呢，我这个爱情的奴隶
也去那里求治，由此我明白：
爱烧热泉水，水冷却不了爱。

23　她的脸上有一座花园

坎皮恩[①]

她的脸上有一座花园，
生长着百合花与玫瑰，
那里是天堂的仙境，
里面甘美的果实累累。
樱桃结果，无人可以摘取，
除非它们自呼：“樱桃已熟！”

当她甜美的笑容微露，
那樱桃就紧紧地拱卫
一长串晶莹的珍珠，
犹如白雪覆盖玫瑰花蕾。
王孙公子仍不可摘取，
除非它们自呼：“樱桃已熟！”

她的双眸像守护的天使，

① 托马斯·坎皮恩（Thomas Campion，1567—1620），抒情诗人，歌曲作者，毕业于剑桥大学。中年时研究医学，1605年获卡昂大学医学博士学位。他的诗音乐感很强，适宜诵唱。除了诗，还为宫廷写过假面剧剧本。在诗论方面，也有建树。

她的柳眉如张开的弓弩，
有谁企图接近神圣的果实，
无论用手采摘还是用眼偷觑，
都将被利箭射中命毙，
除非它们自呼：“樱桃已熟！”

24　你并不美

坎皮恩

你并不美，尽管你绿绿红红
把自己打扮得娇艳几多；
你并不可爱，尽管你生在福中。
你不美也不可爱，除非你怜悯我。
我不会让你的好奇心得到宽慰，
你将懂得：没有爱就没有美。

你不必爱我，更不要拿美引诱
我的感情，如果你的爱神圣高尚：
你的微笑和亲吻我难以消受，
你的双臂织不成我的罗网：
如果你正直，就请把爱献出——
抱我，吻我，爱我，不顾一切！

25　千万别恋爱

坎皮恩

千万别恋爱，除非
你能忍受男人的坏。
男人有时会十分忌妒，
他的理由却难以立足。
他不满时就把头翘得高高，
将心中的悔恨直言相告。

男人只崇拜一位圣人，
偏说自己爱着所有苍生。
任何人都不可以轻视美，
尽管美只为一人而存在。
男人求婚不外乎逢场作戏，
如意郎君说不定就是伪君子。

男人一旦有事要处理，
一定会说告辞就告辞。
有时去打猎，有时去放鹰，
永远不会坐下与你谈心。
如果这一切你都能忍受，
就去恋爱吧，用不着发愁。

26 春光

纳什[1]

春光，甜美的春光，岁月中的快乐君主，
百花适时开放，姑娘们围着圈翩翩起舞，
严寒不再刺人肌肤，可爱的小鸟在谱曲：
叽叽，唧唧，普—喊，吐—喊特—呼！

棕榈枝，山楂花，把村舍装点得多喜气！
羊羔蹦跳着嬉戏，牧羊人整天吹响芦笛，
鸟儿欢快的歌声始终萦绕在我们耳际：
叽叽，唧唧，普—喊，吐—喊特—呼！

雏菊亲吻我们的双脚，田野散发着芳香，
少男少女都在幽会，老婆婆坐着晒太阳，
如此悦耳的音符，飘荡在每一条街巷：
叽叽，唧唧，普—喊，吐—喊特—呼！
哦，春光，甜美的春光！

---

① 托马斯·纳什（Thomas Nashe，1567—1601），诗人，剧作家。出身于牧师家庭，作为减费生就读于剑桥大学圣约翰学院，大学才子之一。写过多部戏剧，流传下来有讽刺剧《狗之岛》《夏天的最后遗嘱》等。散文著作有《不幸的旅行者》，亦名《杰克·威尔顿的一生》。

27 别再哭泣

弗莱彻[①]

别再哭泣，别再叹息，别再呻吟，
悲伤唤不回已经消逝的时间：
紫罗兰一旦摘下，最甘美的雨
也无法使它复活，生长如故。
理好你的头发，显得快活一点；
命运所隐藏的企图，眼睛看不见。
欢乐像长翅膀的梦很快飞逝，
为何偏偏要将悲伤久久留住？
忧愁只是痛苦的一个创伤，
温柔的美人呀，别再惆怅。

---

① 约翰·弗莱彻（John Fletcher，1579—1625），剧作家、诗人。生于名门望族，其父曾任伦敦主教。在剑桥的圣体学院接受教育。曾与鲍蒙特、梅辛格、莎士比亚等人合作写过多部戏剧。与莎士比亚合作写的两部剧目是《两个高贵的亲戚》《亨利八世》。

28　歌

多恩[①]

去吧，逮住划过天空的流星，
让曼德拉草根怀孕生子，[②]
告诉我：过去的岁月何处栖身？
是谁劈开了魔鬼的脚趾？[③]
教教我：如何去听美人鱼的歌？
如何避免忌妒招致的恶果？
再寻一寻
怎样的风
有助于加强一个人的真诚。

如果你天生一双神奇的眼睛，
看得见别人看不见的一切，
就骑马走上一万夜一万天，

---

① 约翰·多恩（John Donne，1572—1631），玄学派诗人，生于伦敦的一个天主教家庭，父亲是一个富有的商人。就读于牛津和剑桥，因是天主教徒而未能获得学位。做过掌玺大臣埃格顿的秘书，后改信国教，出任伦敦圣保罗教堂的教长。著有《歌与短歌》《世界的剖析》《灵魂的历程》和《神圣的十四行诗》等。

② 曼德拉草的根部状如人形，民间医学中将它作为保胎药。

③ 据说魔鬼的脚趾是分叉的。

直到岁月在你头上下满霜雪。
当你回来时，你可以如实叙说
你在旅途中经历的奇异事件。
你还可以
对天发誓
说自己从未见过德貌双全的女子。

如有这样的女子，我很想知晓，
你千里迢迢的旅行可谓美满；
但你不必写信，我也不会去寻找，
即便她与我同住在一个街坊。
即便你见到她时，她确实真诚，
那感情一直延续至你写信的一天；
但她一定，
一定有变
不等我到达，已背叛了多个男人。

29　早安

多恩

说实话，我真想知道：在相爱以前，
你和我在做什么？该不会尚未断奶，
只知婴儿般吮吸着乡野的欢欣？
或在七教士睡过的洞里呼呼入睡？[①]
果然如此；此外的一切都是虚幻。
如有美人我见过，并为之朝思暮想，
那人就是你，出现在我的梦乡。

现在，让我向醒着的人道早安，
你们用不着因恐惧而相互设防。
因为爱左右着我们给予万物的爱，
一间小小房间就是一个大千世界。
让航海家前去新发现的大陆吧，
让地图向他人展示世外的世界。
我们只要一隅：一对一，合二为一。

我的脸在你眼中，你的脸在我眼里，

---

① 据传说，小亚细亚有七位教士因躲避罗马皇帝的迫害躲进一个山洞，在那里沉睡了近两百年，苏醒时发现整个世界都皈依了基督教。

真诚朴实的心安顿在各自脸上；
哪里去找到两个更好的半球啊？
哪里没有冰封的北和衰落的西？
走向消亡的只是不能融合的事物；
只要两爱合一体，或者爱得一样，
就不会有懈怠，谁也不会死亡。

30　太阳升起

多恩

忙碌的老傻瓜，任性的太阳，
你这是为哪般，究竟为哪般，
偏要穿窗越帏，把我们造访？
难道情人的季节也由你节制？
无礼、迂腐的东西，去呵斥
迟到的学童，乖张的学徒吧。
去通知宫廷猎手，让他们陪国王打猎，
去催促乡间蚁群，让它们奔赴庄稼地！
爱情，不知有季节，不认识人情风土，
那钟点、日期、月份，都是时间的废物！

对你的光芒，你为什么那么自信，
总觉得它令人敬畏，威力无比？
我只要眨眨眼睛，就能将你遮蔽，
只是我不想长久见不到她的身影。
如果她的眼睛没有让你成为瞎子，
你听好了，明天晚些时候告诉我：
盛产香料、物产丰富的东西印度
是否还存在，是否还在我身边。

你去问问昨天你见过的那些国王，
他们准会说：一切都在这张床上。

她就是国家，我就是王子，
其他的什么都不是。
国王只扮演我们；与此处相比，
一切荣誉是假，一切财富是虚。
太阳啊，这世界已如此局促，
你其实远不如我们幸福！
高寿的你需要悠闲，你的职责
是温暖这世界，为此你已尽力。
只要你照耀这里，你就拥有一切；
这床是你的中心，墙壁是你的天宇。

31　离别赠言：说眼泪

多恩

趁我人还在这里，
让我当着你的面，一洒我的泪滴，
当你的脸铸出圆币，泪滴就有你的印记，
通过这番铸造，泪水也就变得有价值，
它们如此受孕
产出你的倩影。
它们是殷殷忧心的果实，多样的象征；
当一颗泪滴掉下，泪中的你也随之跌落，
身在不同海岸的你和我，从此湮没消遁。

在一个圆形的球体上，
只要有范本，一个工匠就能绘就
一个欧洲，一个非洲和一个亚洲，
这一切他都速行速成，无中生有。
孕育你的泪滴
也是这般行迹，
它凭印记生长出一个地球，一个世界，
直到你的泪与我的泪相融，将世界淹没；
这样，凭来自你的泪，我的天国随之瓦解。

哦，千万别学那轮明月，
千万别卷起波涛，将我淹没在你那里，
别把我哭死在你的怀抱中，请忍住，
别教大海去做它最乐意做的事。
也别让天风
依样而横行，
对我做出更大的伤害，甚至超出它的本意；
既然你和我一道叹息，用的是相互的呼吸，
叹息最多的就最残忍，只会加速对方的死。

32　离别赠言：莫悲伤

多恩

有德之士逝世时都很安祥，
他对灵魂轻轻地说一声“走”，
这时朋友们都围在他的身旁，
有的说他断气了，有的说没有。

让我们压低嗓门，保持安静，
不必泪流如注，不必哀号叹息，
跟庸俗之徒谈论我们的爱情，
那是对我们的幸福的亵渎。

大地的晃动带来恐慌和灾害，
人们总要测算，把原因探寻，
但宇宙的震颤比这强大千万倍，
人们却无知无觉，毫发未损。

感官即为凡夫俗子的灵台，
他们的爱情接受不了离别，
因为他们一旦与情人分开，
即意味着爱情根基的丧失。

但我们的爱何等的纯洁清明，
连我们自己也说不出所以然，
我们内在的精神始终相互信任，
并不在乎眼、嘴和手的离场。

我们两个灵魂已融合成一体，
尽管我必须离开，这让人难受，
但分离只是灵魂的一种扬厉，
就像金子经锤打变成金箔一轴。

如果说二归二，两个灵魂不相同，
那也好比刚硬的圆规的两只脚，
你的灵魂是固定的一只，不移不动，
只有另一只转动时，它才转起来。

虽然这只脚占据着圆的中心，
一旦另一只脚远远外出漫游，
它总是侧着身子，朝着它倾听，
只有游子回家，它才重新抬头。

你我的联系就这样相依相辅，
我像圆规另一只脚在外打转，
你的坚定使我画的圆规范有度，
最后助我从终点回到起点。

33 歌：致西丽娅

琼生[①]

我们干杯，用你的眼睛，
我也用我的眼睛祝福你；
或者留一个吻在杯子里，
就用这吻来将酒儿代替。
来自灵魂的渴求正升起，
就为畅饮这神圣的一杯：
即便天神赐我琼浆玉液，
我也不愿拿它作为交易。

最近我曾送你玫瑰一束，
那不是为了向你表达敬意，
而是要送出我的一个希冀，
但愿这希冀永不萎靡。
你可以从那里得到呼吸，

① 本 · 琼生（Ben Jonson，1572—1637），戏剧家、诗人。出身于泥水匠家庭，当过兵，做过演员，坐过牢。1616 年获国王詹姆斯一世颁发的年俸，成为享受“桂冠诗人”待遇的第一人。在世时的文名甚至超过莎士比亚。主要作品有《个性互异》《福尔蓬奈》《炼金者》《巴索洛缪市场》等。

然后再将它交还给我；
它生长着，芳香四溢，我相信，
这香不是自生，而来自你！

34 女人是男人的影子

琼生

你跟踪影子，它竭力逃避，
想要摆脱它，它又追随你：
同样，向女人求爱，她总是摇头，
你不理睬她，她又把你来追求。
那么，我们是否可以这样称呼：
女人只是男人的影子？
早上与晚上影子最长，
正午影子缩短甚至消失。
同样，男人最弱时她们最强；
而当我们完美，她们就湮没不见。
那么，我们是否可以这样称呼：
女人只是男人的影子？

35 总是衣冠楚楚

琼生

总是衣冠楚楚，总是打扮齐整，
好像你要出门，赴人的宴请，
总是涂脂抹粉，总是香水洒身，
女士啊，我的话也许值得一听：
艺术背后的原因尚不为人知，
但它不是一概迷人，一概秀丽。

看着我，示我一张平常的面孔，
美其实就在这朴实无华之中；
衣衫轻轻飘动，头发自由披散，
如此的不经意反让我更加喜欢，
远胜过来自艺术的刻意装点，
因为艺术不能养心，只能养眼。

36　晨曲

海伍德[①]

云，请散开！白昼，欢迎你！
我们要驱逐黑夜的悲伤。
软风，轻轻地吹吧；云雀，往高处飞翔，
向我的爱人问个早安！
风的羽翼取悦她的情怀，
云雀的乐曲借我为她弹奏，
鸟儿啊，理一理你的羽毛！夜莺，唱吧！
向我的爱人问个早安！
为了向爱人问候致意，
我要为她借来百鸟的乐章。

红肚子的知更鸟，从巢里苏醒吧！
唱吧，山山谷谷的鸟儿们！
每张嘴都发出悦耳的音符，
向我的爱人问个早安！

---

①　托马斯·海伍德（Thomas Heywood，1570—1641），剧作家、诗人，生于林肯郡，就读于剑桥大学。写过200多部戏剧作品，但多数没有流传下来。现存的作品有《死于仁慈的女子》《美丽的西部姑娘》《鲁克丽丝受辱记》等。诗歌代表作是《天使的等级》。

灌木丛中每一只乌鸫和画眉，
每一只八哥、红雀和麻雀，
还有你们，可爱的小精灵，
为了我的爱人，都唱起来吧，
向我的爱人问个早安，
唱吧，山山谷谷的鸟儿们！

37　我爱过一位美丽的姑娘

维瑟①

我爱过一位美丽的姑娘，
她的美举世无双，
她确实是个大美人，
人间又一个示巴女王。②
尽管我呆头呆脑，
但我知道她也爱过我。
哎呀，她如今已弃我而去。
费嘞罗，嘞罗，噜！

她的头发金子般闪光，
眼珠子星星般明亮，
她的姐姐比谁都美，
而她的美又在姐姐之上。
她总是叫我宝贝儿，

---

① 乔治·维瑟（George Wither，1588—1667），诗人。出生于汉普郡的本华斯，毕业于牛津大学的玛格德琳学院。年轻时因写讽刺诗《受鞭笞的胡作非为》而遭监禁。代表作有《牧羊人的风笛》《菲德利娅》《贤德之妇菲拉莱特》《教堂颂歌》等。

② 示巴女王，《圣经》中人物，以美著称。

总是——哟，总是吻我，
哎呀，她如今已弃我而去。
费嘞罗，嘞罗，噜！

我的爱人与我天生一对，
我们有过无数次快乐的幽会；
她是我唯一的情人，
她使我感到幸福美满；
她的泪水在眼里涌动，
露珠般晶莹光亮，
哎呀，她如今已弃我而去。
费嘞罗，嘞罗，噜！

她的脸颊可比樱桃，
她的皮肤洁白如雪，
在她欢天喜地的时节，
跟天使没有两样。
她的腰肢分外纤细妖娆，
那鞋子也合适她的脚：

哎呀，她如今已弃我而去。
费嘞罗，嘞罗，噜！

无论夏天或冬天，
她都过得自在非常，
我从来不去限制她，
饮食起居全凭她主张。
外面的世界周而复始，
我们无忧无虑，乐在天堂；
哎呀，她如今已弃我而去。
费嘞罗，嘞罗，噜！

从今往后，女人的誓言
你千万不可轻信。
你可以听她们说话，
但不可把话当真。
她们跟美一样虚幻，
总变化无常，脆弱而虚伪，
哎呀，她如今已弃我而去。
费嘞罗，嘞罗，噜！

38　致少女：珍惜时光

赫里克[①]

请不失时机将含苞的玫瑰采摘，
往昔的时光正渐渐远遁，
这花儿今天尚向你微笑，
明天就会萎蔫凋零。

太阳，天宇的那盏明灯，
只要升得越高，
就越快跑完全程，
离西沉的时刻更近。

青春和热血沸腾的当年，
是人生最美好的年份，
此时一旦虚度，那恶劣，
更加恶劣的日子就会降临。

① 罗伯特·赫里克（Robert Herrick，1591—1674），诗人。出生于富有的金首饰商家庭，毕业于剑桥大学。擅长写抒情诗。斯文本曾称他为“英国最伟大的歌曲作者”。主要作品有《众仙女》《崇高的节奏》等。

因此，别害羞，要把握时机，
趁花季尚在，嫁个良人：
青春年华一旦失去，
你将永远把自己耽误。

39　砍樱桃枝

赫里克

你允许我亲吻，
你允许我求婚；
你通过种种手段，
使我相信你的爱情。

但是，我永远不会忘记，
我为了使你高兴，
遵命去砍樱桃枝，但是——
樱桃却落在别人手里。

40 歌

卡鲁[①]

六月过去，玫瑰的落英飞扬，
别问我朱庇特将它们安顿何方，
这些鲜花早已各尽名分，
在你辉煌的美中昏睡沉沉。

白昼洒下金粉铺天盖地，
别问我它们遗失在哪里，
上天早已对你特别惠顾，
用这金粉将你的美发涂敷。

五月已经消逝，
别问我夜莺飞往哪里；
它已在你甜美的歌喉中避寒，
一个劲地为自己的音符取暖。

夜深人静，黑暗从天而降，

① 托马斯·卡鲁（Thomas Carew，1595—1640），骑士派诗人。毕业于牛津大学。政治上忠于查理一世。代表作是《销魂》。他的诗曾受多恩和琼生的影响。

别问我何处寻觅流失的星光，
它们早已注入你的双眼，
牢牢凝聚，犹如流溢在蓝天。

凤凰为自己筑起香巢，
别问我这香巢何处寻找。
凤凰早已栖息在你的胸口，
在你溢香的怀抱中涅槃。

41　致不忠的情人

卡鲁

可怜的人，爱情的一切欢娱
都离你而去，你还将看见
我凭自己的忠诚不渝
将获得厚报和灿烂的前程，
那时你只有埋怨自己的薄情。

一双比你更美的手将治愈
你的伪誓给我带来的创伤，
爱神将一颗比你更纯洁的心
与我的心紧紧相连，
共沐那荣耀的甘霖。

你只能像我先前所做的那样
向爱神哭泣、哀求、抱怨，
像我那样白白地把泪水流干，
由于你既虚伪又不忠诚，
你将永远受到诅咒！

42　歌

华勒[1]

去吧，可爱的玫瑰——
告诉她时光在白白流逝，
让她知道，
当我把她比作你，
她显得何等可爱而靓丽。

告诉她：美若不让人窥视，
那是何等的浅薄无知。
如果你孑然而立
在无男子居住的沙漠，
你将无人赞美，死于孤独。

阳光一旦消遁，
美的价值也随之折损：
叮嘱她到我这里来，

---

① 爱德蒙·华勒（Edmund Waller，1606—1687），诗人。毕业于剑桥大学的国王学院。政治上是个保王派，曾因图谋营救被革命党逮捕的查理一世而坐牢并被流放。19岁即开始创作诗歌。德莱顿视他为"英诗节奏之父"（the father of our English numbers）。

让她接受我的追求，
别再因被人爱慕而害羞。

一切稀世之珍
都逃脱不了死亡的命运，
你也有这一天，
凡绝世的美貌和姿色，
都只能享有一时半刻！

43 致亡妻

弥尔顿[①]

我仿佛看见我圣洁的妻子离开坟墓，[②]
苍白而昏沉，来到我身边，犹如
朱庇特之子从死神处夺回阿尔刻斯提斯，
交还给她那喜不自胜的丈夫。[③]
我的妻子已洗去产褥的污浊，
行过洁身礼，按古法获得救赎，
我还相信，当我们不再受约束，
在天堂重逢时，她也是那般圣洁：
身披白袍而至，纯洁如她的心灵。

---

① 约翰·弥尔顿（John Milton，1608—1674），诗人。生于伦敦的一个清教徒家庭，毕业于剑桥大学基督学院。年轻时积极参加政治斗争，撰文参与宗教论战，担任克伦威尔革命政府的拉丁文秘书。因辛劳过度导致双目失明。王政复辟后遭到迫害，逆境中从事诗歌创作，凭非凡的毅力写出史诗《失乐园》《复乐园》和《力士参孙》等诗篇。此外还写出一些十四行诗和抒情诗。田园挽歌《利瑟达斯》为悼念溺水而亡的同学爱德华·金而作，是悼词诗中最优秀的作品之一。

② 弥尔顿的第二任妻子凯瑟琳·伍德考克亡于1658年。弥尔顿失明于1651年。

③ 据希腊神话，赫拉克勒斯曾赴地府救出阿尔刻斯提斯，把她送还给她的丈夫阿德墨托斯。欧里庇得斯根据这一题材写过悲剧《阿尔刻斯提斯》。

脸上蒙着纱巾，在我的幻觉中，
浑身闪耀着爱，闪耀着美和善，
喜气洋溢的样子，更无人能比。
正当她想要拥抱我时，我醒了，
她遁去，我的白天又回到暗夜。

44 痴心的情人，你的脸为什么如此苍白？

萨克林[①]

痴心的情人，你的脸为什么如此苍白？
请告诉我，为什么如此苍白？
你满面春风未能使她感动，
难道一脸愁苦偏能成功？
请告诉我，为什么如此苍白？

年轻的罪人，你为什么如此呆滞、沉默？
请告诉我，为什么如此沉默？
你甜言蜜语未能赢得她的心，
难道一言不发反能让她动情？
请告诉我，为什么如此沉默？

算了吧，为了你的脸面！你打动不了她，
你无法把她征服。

① 约翰·萨克林（John Suckling，1609—1641），剧作家，诗人。出生于诺福克郡的一个贵族家庭，毕业于剑桥大学三一学院。1630 年敕封为骑士。政治上属于保王派。诗集《碎金集》和《最后遗作》，均在死后出版。戏剧代表作有《安格劳拉》《小妖精》等。平生嗜赌，据说有一种用木板记分的纸牌游戏（cribbage）是他发明的。

如果她连自己都不珍惜，
那又有什么法子？
让魔鬼召了她去吧！

45 出征前致露卡斯塔[①]

洛夫莱斯[②]

亲爱的，别说我无情无义，
忍心离开你的怀抱和心灵——
那里修道院般圣洁而安逸，
而要奔赴战场，拿起武器。

不错，我是在追逐新的相好，
那相逢战场的第一个仇人；
我要给他以更热烈的拥抱，
用我的剑、战马和坚盾。

对于我这样朝三暮四，
你应该报以至高的敬意，
亲爱的，假如我不爱惜荣誉，
我就不会如此爱你！

---

① 露卡斯塔是诗人的妻子。诗中表现了国家的利益高于个人的爱情的主题。

② 理查德·洛夫莱斯（Richard Lovelace，1618—1657），骑士派诗人，出身于肯特郡的一个贵族家庭，毕业于牛津大学。政治上属于保王党，曾应征入伍，为国王远征国外。1642 年，作为王室代表向议会提交请愿书，要求恢复王位，因此被监禁两个月。出狱后继续为王室奔走效劳。1648 年再次入狱，在狱中创作了许多著名诗篇，包括抒情诗、颂歌、十四行诗、歌曲等。

46　狱中致爱尔西娅

洛夫莱斯

当爱神展开自由的羽翼
翱翔在监狱的铁门前
带来圣洁的爱尔西娅
与我在铁栅边悄悄私语；
当我躺着，头枕她的发丝，
盯着她的眼睛，
空中嬉闹着的所有飞禽
也不如我自在悠闲。

当酒杯盛满醇香的美酒
在饮者间飞快地巡传，
我们头戴玫瑰，无虑无忧，
心里激荡着火热的爱情；
当我们将焦虑泡入酒中，
为对方的健康举杯频频，
在深海畅饮甘液的鱼儿，
也不如我们自在悠闲。

当我像一只囚禁的红雀，

用我无比嘹亮的歌喉
唱出国王的和蔼与仁慈，
唱出他的威严和荣光，
当我大声欢呼我们的国王，
欢呼他的伟大与善良，
那卷起海浪的自由的风，
也不如我自在悠闲。

石头墙围不出一座监狱，
铁栅栏也编不成囚笼。
光明磊落的正人君子
总把囚笼当作隐身地。
只要我拥有爱的自由，
只要我的灵魂不受约束，
我自己就是高飞的天使，
享受着这份自在悠闲。

47 致害羞的情人

马韦尔[①]

只要我们有足够的时间和空间，
夫人，你的羞怯不是过失。
我们可以坐下来慢慢思索，
决定如何行走，如何消度长夜。
你将在恒河边寻找红宝石，
我则随汉姆河的潮水叹息。
我可以在大洪水前十年，
就开始与你说爱谈情，
你呢，只要你乐意这样做，
等到犹太人皈依基督后答应我。
我的平淡的爱可以慢慢生长，
比帝国还广阔，进展更缓慢。
一百年可用来把你的双眼赞美，
欣赏你额头上的神韵与光彩。

---

① 安德鲁·马韦尔（Andrew Marvell，1621—1678），诗人。毕业于剑桥大学的三一学院。1657 年继弥尔顿就任国会的拉丁文秘书。王政复辟时期曾援助过弥尔顿，使他免遭牢狱之灾。生前写过许多诗，但一直被读者忽视，直到 20 世纪初，即他死后 200 多年，他的诗才得到读者的高度评价。主要作品有《致害羞的情人》、《花园》及讽刺诗《对画家的最后指示》。

两百年爱慕你的每一只乳房，
另外用三万年专注其他地方。
每一部位我都要欣赏至少一世纪，
最后那个世纪才向你披露心迹。
夫人，你确实值得我这样去爱慕，
我自己也不愿让爱流于轻浮。
但是，我私下里经常听人说，
长翅膀的时间马车总匆匆驶过；
看那边，在我们前方不远处，
就是一片永恒的大沙漠。
你的美在那时再难寻觅，
你那座大理石砌成的坟墓
听不见我的歌：只有一群蛆虫
将你长期坚守的贞操享用。
你刻意维护的尊严将归于尘土，
我的一切欲念也将化为灰烬。
坟墓是一座美好的私人宅第，
我相信，无人在那里拥抱亲昵。
因此，趁青春的光华像晨露，

仍然在你的肌肤上留驻，
趁那颗早已以情相许的心，
正向外喷吐熊熊的火焰，
让我们嬉戏行乐，尽兴尽情，
学一学多情多义的猛禽，
宁可由自己一口吞咽时光，
而不要在蚕食中自甘悲凉。
让我们将自身的全部气力，
连同一切美妙聚集在一起，
然后猛一用劲，将生活的铁栏
彻底打开，放出我们的欢畅：
这样，我们虽不能把青春留住，
但将促使它为我们消度。

48 再见吧，负心汉

德莱顿[①]

再见吧，负心汉！
再见，虚伪的情郎！
从此以后，让受骗者
再别相信一个男人！
占有的欢娱
难以用语言表述，
但这是短暂的幸福，
漫长的是爱的痛苦。

我们对你的痛苦很同情，
因此也容易上当受骗；
在我们相爱的日日夜夜，
你听凭我们任意非难。
但我们还来不及醒悟，

① 约翰·德莱顿（John Dryden，1631—1700），英国第一个"桂冠诗人"。毕业于剑桥大学的三一学院。在英国文学史上，他最重要的贡献是文学评论：他对历代作家和诗人作出的评语总是一再被从事文学研究的人所引用。主要诗作有《奇异的年代》《阿伯沙隆和阿基托弗尔》《亚历山大之宴》（又名《音乐的力量》）。

身边早已失去了幸福。
不过，女人一旦吃过苦头，
她的爱从此化为乌有。

你装出热情的模样，
只为满足自己的欲望。
女人一旦失去魅力，
你就把她们随意抛弃。
我们以爱心揣度你的爱心，
到头来丢失了自己的至珍，
幸福从此慢慢死去，
人生成了一个痛苦。

49 归

威尔摩特[1]

离开了你，我痛苦依然；
请别问我何时回到你身边，
日日夜夜的企望和哀伤，
足以夺走迷途者的性命。

亲爱的，请允许我飞离你的怀抱，
让我那想入非非的神经
承受它所应得的折磨，
并因此番出走而流泪涟涟。

你的胸怀充满爱、和平与真理，
当我身心疲惫，历经艰辛，
回到你那安全的栖息地，
但愿我从此知足收心！

① 约翰·威尔摩特（John Wilmot，1647—1680），即罗切斯特伯爵，擅长写抒情诗，号称“宫廷才子”。他的诗歌语言机智，具有玄学派的遗风。马韦尔、斯威夫特、蒲伯、歌德、丁尼生等人都曾受过他的影响。但他的私生活过于放纵，“以致过早地燃烧了青春和健康”（约翰生语）。

从此不再离开幸福的天堂，
不再心存卑劣的妄念，
不再无情无义，使自己不可宽恕——
失却永生的安宁。

50 尽管她不忠于我，不忠于爱情

康格里夫[①]

尽管她不忠于我，不忠于爱情，
但我决不图谋报复；
尽管我痛恨她的变心，
但我对她痴心如故。

我们常常幸福地相聚，
但美好的时光不能持久；
虽然我抱憾目前的境遇，
我对过去的感激依旧。

---

① 威廉·康格里夫（William Congreve，1670—1729），小说家、戏剧家，出生于利兹附近的巴特赛，父亲是约尔卫戍部队的司令官。就读于都柏林的三一学院。传世之作有小说《英康格尼达》、喜剧《老单身汉》《为爱而爱》、悲剧《悼亡的新娘》等。

51 我的玛丽[①]

柯伯[②]

自从我们的天空布满乌云，
时间已过去将近二十年；
哎呀，但愿这是最后的不幸！
我的玛丽！

你的精神越来越恍惚，我发现，
你的身体也日渐虚弱，
都是倒霉的我连累了你，
我的玛丽！

你的缝衣针曾经闪闪发光，
为了我，你始终没有闲着，

① 此诗表达诗人对玛丽的感恩之情。其时玛丽照顾诗人的生活已达20年，她自己却患了中风。诗中表达的温柔情感“几乎到了令人痛苦的程度”（丁尼生语）。

② 威廉·柯伯（William Cowper，1731—1800），诗人。出生于赫里福德的一个牧师家庭，6岁丧母，童年时生活不幸。毕业于一所私立学校，后来精神失常，几度想自杀，被送进精神病院治疗。治愈出院后寄住牧师摩莱·安温家。安温两年后去世，其妻玛丽继续无微不至地照顾他。在玛丽的鼓励下开始诗歌创作，主要作品有《约翰·吉尔宾》《任务》《亚德利的橡树》等。

如今这针锈了，不再闪光了；
我的玛丽！

为了我，你一如既往，
乐意继续为我缝衣，
但你的视力已经不济，
我的玛丽！

你是个出色的家庭主妇，
你手中的线具有一种魔力，
能把我的心紧紧缠起，
我的玛丽！

你说话有点口齿不清，
听起来好像是梦中发声；
但我觉得你的声音最迷人，
我的玛丽！

你的白发曾经一片金黄，

在我眼里，这白发更其可爱，
胜过拂晓时的那万道金光，
我的玛丽！

如果对你的白发熟视无睹，
天底下还有何物值得我关注？
没有你，太阳为我徒劳升起，
我的玛丽！

你的手已经软弱无力，
我的身体也一样在衰竭，
但我们手拉手，永远亲密！
我的玛丽！

当我握住你的手，总觉得
自己比天底下任何人都富有，
吝啬鬼手捧金币，难有这般感受，
我的玛丽！

你很虚弱，每移动一步，
都得有另一双手搀扶，
但你仍有爱心，永朝永夕，
我的玛丽！

你仍有爱心，尽管疾病缠身，
凭这爱心，冬天你不觉得冷，
在我眼里，你永远可爱可亲，
我的玛丽！

哦！ 通过长期的观察、留意，
我知道：只要我显得忧悒，
你脸上的微笑就被忧伤代替，
我的玛丽！

我还知道：如果我的未来
重新陷入过去的厄运之中，
你疲惫的心一定会破碎，
我的玛丽！

52　美丽的杜恩河

彭斯[①]

花团锦簇的杜恩河岸，
鲜花为何开得如此灿烂？
小鸟儿，你唱得那么动听，
我为何偏偏满怀悲伤？

小鸟啊，你在枝头歌唱，
唱得我肝肠寸断，
你让我想起幸福的时光，
那时我的爱人忠诚善良。

小鸟啊，你在伴侣身边歌唱，
唱得我肝肠寸断；
我坐在这里，你在那边放歌，
不知我命运坎坷。

---

① 罗伯特·彭斯（Robert Burns，1759—1796），浪漫主义诗人。出生于苏格兰一户贫苦的农家，父亲是个典型的苏格兰农民——诚实、敬畏上帝，为了生计，起早摸黑在地里劳动。彭斯13岁时就整天跟父亲下地干活，16岁时，已是父亲农场上的主要劳动力。1786年，他第一次发表了自己的诗集，得到20英镑稿酬。1796年在贫穷中去世，终年37岁。死后获“农民诗人”的称号。

我常常在杜恩河岸漫步，
观赏藤蔓缠绕的树木，
每只鸟儿都为伴侣唱歌，
我也为我的爱人吟哦。

我满心欢喜，从多刺的枝头
摘下玫瑰一朵，
我不忠的情人把玫瑰偷走，
把刺留给了我。

53　风能吹向四面八方

彭斯

风能吹向四面八方，
我渴望它吹向西边，
西边住着一位好姑娘，
她是我最爱的美人。
树在那里生长，河在那里流淌，
一座山连着一座山，
但我日夜相思相望，
我的琼永在我身旁。

我看见她站在沾着露珠的鲜花丛中——
她是那般的可爱、漂亮！
我听见她跟善歌的鸟儿同唱，
她的歌声陶醉了林莽。
泉水边，树林间，绿地上，
只要那里有鲜花生长，
只要那里有鸟儿歌唱，
我的琼总让我挂肚牵肠。

54 可爱的阿夫顿河

彭斯

可爱的阿夫顿，沿着青葱的山谷流过！
轻轻地流吧，我要唱一支赞美你的歌；
我的玛丽就睡在喃喃低语的河水边，
轻轻地流，阿夫顿河，别把她吵醒。

欧鸽呀，你的啼叫声回响在幽谷，
乌鸫呀，你在荆棘丛生的巢穴吟哦，
还有你，凤头麦鸡，请停止尖叫，
我要求你们：别把美人的梦搅扰！

轻轻地流，阿夫顿，邻近的群山
到处是蜿蜒的小溪，清澈的流水，
每天中午，我总要在那里漫步，
看我的羊，看我的玛丽的小屋。

你的堤岸和下游山谷何其清华，
在林间，到处是怒放的樱草花；
每当温和的黄昏把泪洒向草地，
我和玛丽驻足在白桦的香荫里。

明镜般的阿夫顿啊，你多么可爱，
弯弯曲曲绕过玛丽所在的村寨，
当她逆流而上，采摘美丽的花朵，
她雪白的双脚任由清流洗濯。

可爱的阿夫顿，沿着青葱的山谷流过！
轻轻地流吧，可爱的河，你就是我的歌；
我的玛丽就睡在喃喃低语的河水边，
轻轻地流，阿夫顿河，别把她吵醒。

55　一朵红红的玫瑰

彭斯

哦，我的爱人像一朵红红的玫瑰，
刚刚在六月天开放；
哦，我的爱人像一支悦耳的歌，
伴着优美的曲调弹唱！

我的好姑娘，因为你长得美，
我深深地将你爱慕，
亲爱的，我将永远爱你，
直到所有的海水干涸。

亲爱的，直到所有的海水干涸，
直到顽石被太阳融化，
亲爱的，我将永远爱你，
只要我尚留生命的光华。

再见吧，我唯一的爱人，
让我们暂时分离，
我会回来的，我的爱人，
哪怕相隔千里万里！

56　约翰·安德生，我的欢乐

彭斯

约翰·安德生，我的欢乐，约翰，
当年我们初次相识，
你的头发黑得像乌鸦，
眉毛不溜也不斜。
如今你的眉毛掉光了，约翰，
头发也白得像雪花，
只有神恩仍留在你的前额，
约翰·安德生，我的欢乐！

约翰·安德生，我的欢乐，约翰，
我们曾在一起爬山，
我们相依为命，约翰，
度过了无数岁月。
如今我们已步履蹒跚，
但我们要手拉着手走路，
一起长眠在山脚下，
约翰·安德生，我的欢乐！

57 病玫瑰

布莱克①

哟，玫瑰，你病了，
看不见的小虫
在黑夜中飞行，
在狂啸的暴雨中。

发现了你的床榻，
以求猩红的欢情，
他阴沉而诡秘的爱
摧残了你的生命。

① 威廉·布莱克（William Blake，1757—1827），诗人。生于伦敦的一个袜商家庭。没有受过正规教育，年轻时在一家雕版作坊当学徒，凭自学开始写诗。后自办印刷厂，印出自己的诗集。主要作品有《天真之歌》《经验之歌》《伐拉，或四天神》等。人称“纯幻想的诗人”（a poet of pure fancy）。

58　爱的花园

布莱克

我前往爱的花园，
见到的事真够新鲜：
一座教堂建在花园中央，
那里原先是草地，供人游玩。

教堂的大门关着，
门口写着“不许入内”；
我只好转悠到别处，
观看各式各样的花卉。

但在本该开遍鲜花的地方，
我发现到处是坟茔和墓碑：
黑袍教士轮番在那里巡逻，
用石楠捆起我寻欢的欲望。

59　孤独的刈禾女

华兹华斯[①]

看，那边有个高原姑娘，
独自一人在田野里刈禾！
她一边挥镰，一边歌唱，
停下吧，要么悄悄走过！
刈禾，打捆，全凭她一人，
口中的歌凄婉深沉。
听吧，这悠扬的乐音
传遍深邃的山谷。

在阿拉伯的沙漠上，
荫凉处出没的夜莺，
也未曾为疲惫的旅商
把它的歌儿唱得这般动听；
在遥远的群岛希伯里斯，

① 威廉·华兹华斯（William Wordsworth，1770—1850），浪漫主义诗人。毕业于剑桥大学，年轻时向往法国大革命，还曾经加入过激进派的组织。后来认为大革命的行为过分，才冷却了革命热情。脱离“革命”后回到家乡，专心一致从事诗歌写作。1798 年与柯勒律治合出诗集《抒情歌谣集》，并在序言中提出浪漫主义诗歌理论。著名长诗《序曲》具有自传性质。1843 年获“桂冠诗人”的称号。

春天的布谷声声长啼，
那歌声能打破大海的宁静，
也未曾唱得这般扣人心弦。

她唱的是什么，谁能让我晓知？
莫非这哀怨的曲调在倾诉
那古老而悲伤的往事
和那古代战争的痛苦？
也许那是一支普通的歌谣，
它的主题今天无人不晓？
或者那是以往的，可能再现的，
自然的悲哀、痛苦和损失？

不管唱的是什么主题，
姑娘的歌似乎永远唱不完；
我见她一边干活儿一边唱歌，
弯着腰伏在镰刀上 ——
我伫立着，凝神谛听；
后来我登上了山巅，
这支歌曲虽已无闻，
心头却缭绕着它的余韵。

60 她居住在杳无人烟的地方[1]

华兹华斯

她居住在杳无人烟的地方，
达芙泉就在附近，
她是一个无人赞美的女郎，
更无人与她说爱谈情。

她是岩石下一朵紫罗兰，
青苔将它半遮半掩：
——当夜空中只有一颗星星闪亮，
那颗星与她一样耀眼！

她默默无闻地活着，没有人
知道露西何时停止了呼吸；
如今她已在墓中长眠，哎呀，
唯有我是她的知己！

---

① 此诗为悼念诗人的妹妹多勒赛而作。多勒赛终身未嫁，一直在诗人身边照顾他的饮食起居，有好事者因此怀疑华兹华斯与他的妹妹有不伦之爱，并将此诗作为爱情诗的名篇。

61　昏睡封闭起我的神志

华兹华斯

昏睡封闭起我的神志，
我没有了人类的恐惧：
她好像变成了一件物体，
感觉不到岁月的触须。

她如今静止不动，气力丧失；
既不能听，也不能看；
每天与岩石、树木一起
随地球不停地旋转。

62　与你共度一小时

司各特[1]

与你共度一小时，当初升的太阳
给灰暗的东方点缀出一层金色，
哦，此时又有什么能使我鼓足勇气
去承受苦役与骚乱，烦恼与忧虑，
时刻涌现的新的惆怅
以及记忆中原有的悲伤?
与你共度一小时!

与你共度一小时！当六月的骄阳
趁正午挥舞起红色的战旗，
此时又有什么能偿付诚实的农夫
在滚烫的平原上所作的劳苦?
又有何物比山洞或树荫
更能抚慰焦躁的热血和皱起的眉头?
与你共度一小时!

---

①　华尔特·司各特（Walter Scott，1771—1832），小说家、诗人。生于爱丁堡一个没落的贵族家庭。毕业于爱丁堡大学。做过律师。文学事业始于诗歌：1802 年出版《苏格兰边区歌谣集》，此后又出版 8 部叙事诗。1814 年起从事历史小说的创作，代表作有《艾凡赫》《罗伯·罗伊》等。

与你共度一小时！当太阳下山，
哦，又有什么能使我忘记
日间那徒劳无益的劳作，
化为泡影的希望和心愿，
不断递增的缺损，逐渐减少的收获，
以及无礼我的痛苦的傲慢的主人？
与你共度一小时！

63 爱情的火炬驱散幽暗

兰多[1]

爱情的火炬驱散生活的幽暗，
使坟墓活力充满。
但千万别让它无益地照耀
室外那些凝视天空的人，
也千万别让它避开
把它当作月亮和太阳的人：
无论白天还是夜晚，
这些人没有它就会迷失方向。

---

① 华尔特·萨维奇·兰多（Walter Savage Landor，1775—1864），诗人、散文家，出生于富有的医师家庭。就读于牛津大学，因支持民主革命被校方勒令退学。曾参加志愿军赴西班牙作战。1795 年出版第一部诗集，1798 年出版史诗《格比尔》。散文集有《假想交谈》。

64 自由与爱情

坎贝尔[①]

初恋时得到的一次亲吻
是何等的甜美诱人!
当两颗心都为结合而叹息,
这爱早已难分难解。

但请记住,在求婚中,
爱有欢乐也有悲痛;
别人的微笑能使你见异思迁,
别人的美也会使你泪流满面。

爱情降临,爱情逗留在你身边,
犹如命运和幻念变化不定。
爱情遭受磨难,持续时间最长,
一旦受到压制,就会一笑即失。

---

① 托马斯·坎贝尔(Thomas Campbell,1777—1844),诗人。出生于格拉斯哥的一个商人家庭,毕业于格拉斯哥大学。写过《希望的快乐》《格伦科的朝圣者》等作品,在世时诗名颇盛。现在人们记住他,主要因为他描写战争的诗,如《霍恩林登之战》《鲍尔蒂克之战》等。

要想爱情永世长存，
除非大海沉睡不醒，
除非百合花散发海水的芳香，
除非白杨树从来不摇晃。

爱情是一把火，需要美
作为燃料不断更新，
如果锁进牢笼，爱的翅膀就会萎靡，
一旦放出，就会在狂喜中直飞蓝天。

你能否让蜜蜂不漫天飞舞？
或者让斑鸠的颈项不长新羽？
不能！爱情一旦被枷锁套上，
就只能在解不开的结中慢慢死亡。

65　她在美中行走

拜伦[1]

她在美中行走，像黑夜
晴朗无云，满天星斗闪耀，
黑暗和光明中美好的一切
都融入她的容颜和双眸；
那光辉如此柔和清冽，
俗丽的白昼得不到造化的关照。

增一毫太稠，减一丝太稀，
非凡的美均会遭到损伤，
因为它荡漾于每一根青丝，
在她的脸上温柔地闪光；
祥和的情思在那里显示，
它的栖息地何等洁净、漂亮！

---

① 乔治·高顿·拜伦（George Gordon Byron，1788—1824），浪漫主义诗人。10岁时即承袭男爵爵位。毕业于剑桥大学。读书时就出版诗集《懒散的时刻》（1807），评论界没有给予好评，伤害了他的自尊心，遂写出一首言辞激烈的讽刺诗《英格兰吟游诗人和苏格兰评论家》予以回击，将当代的文化名人逐一挖苦、贬损。1812年，长诗《恰尔德·哈罗尔德游记》前两章出版，获得好评，随即自封为“诗歌王国的拿破仑”。后又写出长诗《唐璜》。1824年前往希腊，参与那里的民族解放运动。在一次军事行动中患热病去世。

还有她的双颊，她的额上，
那么温润，那么宁静，那么动人，
以致微笑洋溢，神采飞扬，
说明她享受着美好的人生，
更有那一腔宁静的思想，
那一颗天真无邪的爱心！

66 我们将不再游荡

拜伦

我们将不再游荡
在那迟迟的深夜，
尽管爱仍留在心上，
月光依旧那般皎洁。

因为剑会将剑鞘穿破，
灵魂会累垮胸腔，
心儿必须歇息调养，
爱情也需要休养。

虽然爱向来以夜为家，
白昼转眼就要回返，
但在那皎洁的月光下，
我们将不再游荡。

67　当初我俩分手

拜伦

当初我俩分手，
泪水默默地流，
为数年的别离，
肝肠寸断。
你的脸苍白、冰凉，
更凉的还有你的吻：
不错，那一刻
预示着今天的悲伤！

清晨的浓露
给我的额头抹上凉意；
这露水似乎已警示
我此刻的感受。
你背弃了全部誓言，
轻浮是你的口碑：
我听见人们提起你的名字，
与你一道分享耻辱。

他们当着我的面谈论你，

犹如丧钟敲响在我耳际；
我的身子在颤抖——
过去那可爱的你在哪里？
他们并不知情
我曾经是你的知己：
我将为你久久惋惜，
悲痛之情难以言表。

我们曾私下来往：
如今我黯然神伤，
想不到你竟如此忘情，
骨子里如此虚伪。
如果将来有一天
我们再次相见，
那时我得如何招呼你？
只有沉默和泪水。

68 歌

雪莱[1]

枯枝上栖息着一只鸟，
哀悼它失去的伴侣；
头顶凛冽的寒风呼啸，
脚下积雪的溪流凝固。

树林里叶子都已掉尽，
地上见不到一朵鲜花，
空中没有一丝儿动静，
唯闻水车声吱吱嘎嘎。

① 珀西·比希·雪莱（Percy Bysshe Shelley，1792—1822），浪漫主义诗人。出生于一个古老的贵族家庭，跟布莱克一样，从小就生活在幻想的世界里：十分的纤敏，有点神经质。在牛津大学读书时就发表《无神论的必然性》，结果被学校开除。个人生活也不遂心。1818年，侨居意大利，从此再没有回到英格兰。1822年，在意大利海岸溺水身亡，终年30岁。代表作有《西风颂》、抒情诗剧《被缚的普罗米修斯》等。

69　爱的哲学

雪莱

泉水流入江河，
江河汇入海洋；
风在天堂吹拂，
永远拌和着甜美的情感。
世上没有孤立的事物，
万物都按神圣的法度
交汇、融合成一个整体，
我为何不能与你合二为一？

你看，高山亲吻蓝天，
海浪相拥在一起，
没有哪朵雌花情有可原，
如果它把自己的兄弟蔑视。
阳光依偎大地，
月光亲吻海洋，
如果你不亲吻我，
美好的事物还有什么意义？

70　致——

雪莱

当柔和的歌声停止，
音符仍震颤于记忆——
当甜美的紫罗兰凋零，
芳香仍在意识中留存。

玫瑰的花朵一旦枯灭，
叶子堆成恋人的枕席；
思想也如此，当你死亡，
爱情将入睡，留在梦乡。

71　初恋

克莱[①]

在那以前，我从未感受过爱情，
它来得那么突然，那么甜美！
她的脸鲜花般艳丽动人，
我的灵魂早被它勾摄出窍。
我的脸苍白得好生可怕，
我的腿已难以动弹半步。
在她的目光下，这苦恼无以复加，
我的生命和一切似乎已凝固！

我的脸转眼间又涌起红潮，
我的眼前已模糊一片：
周围的树和那灌木
都成了正午的深夜。
我已看不见任何物体，

---

① 约翰·克莱（John Clare，1793—1864），诗人。生于北安普顿的一个劳动者家庭。代表作有《乡村的吟游诗人》《牧羊人日历》《乡野缪斯》等。1837 年，曾因精神病住院。在世时，他的诗无人欣赏，去世后才拥有较多读者。诗集有《描述乡村生活和风光的诗》。

我的目光代替了声音——
就好像从琴弦弹出。
血液在我心中沸腾！

鲜花是不是冬天的奇珍？
难道爱情的眠床意味着严寒？
她似乎听见了我默默的提问，
但仍不知爱情的呼喊。
我从未见过有谁的脸
如此动人地在我眼前显现，
我的心早已飞出它的栖息地，
从此再不回来。

72　致玛丽：这会儿是黄昏[①]

克莱

这会儿是黄昏，
万籁俱寂：
新月在银河夜空
露出她的脸。
长满菖蒲、明澈如镜的湖
静卧在我们走过的路边。

我爱她的幽灵，
当我悠悠而行，
时而停下脚步，摘取
寂静中生长的鲜艳花朵，
它向我窃窃低语，叙说甜美的故事，
我们要把花带回家，连同晶莹的露珠。

玛丽，或干脆称呼你可爱的幽灵，
当明天灿烂的太阳照耀，
你乌黑的双眸将看见

① 诗中的玛丽是诗人的初恋情人，但他们最终没有结合。这段情感经历苦恼了诗人许久。

我在忧伤中采摘的这些花朵，
当我静下心来，独自走进
深沉的午夜——我仍希望与你一起漫步。

73　我担心

济慈[①]

我担心，在我停止呼吸以前，
我的笔未及厘清勃发的思想，
厚厚的一叠书，墨写的青简，
未及将成熟的谷物收获归仓；
在满布星斗的夜空，我看见
美妙的传奇化作巨大的云团，
我思量，我会活不到那一天，
用神来之笔描绘这奇妙天象。
与我薄缘的美人啊，我感觉，
我也许永远见不到你，永远
无缘陶醉于爱情的坚贞不移，
感受它的魅力！世界苍苍茫茫，
此刻，我独自站在海岸边思索，
直到爱情和名誉都沉入虚无。

---

① 约翰·济慈（John Keats，1795—1821），浪漫主义诗人，生于伦敦的一个马夫家庭。15岁时父母双亡，只得辍学，做了外科医生的学徒。1817年出版了第一部诗集，并弃医从文。1821年患肺结核去世，终年26岁。由于他特别讲究诗歌的韵律，追求诗歌艺术本身的完美，死后被称为“诗人的诗人”（a poets' poet）。代表作有《希腊古瓮颂》《灿烂的星》等。

74 灿烂的星[①]

济慈

灿烂的星，但愿我像你一样坚定，
而不是寂寞地高悬在夜空，
睁着一双永远分离的眼睛，
就像自然里耐心而不眠的逸翁，
观看汹涌的海涛行使牧师之职，
用圣水洗礼着人类居住的海岸，
或者在高山之巅、蛮荒之野，
凝视皑皑白雪给大地披上新装——
哦，不，我只愿坚定不移，一成不变，
把头枕在爱人酥软的胸口，
永远感受它温柔地一降一升，
在甜蜜的不安中永远醒着，
始终，始终听着她轻柔的呼吸，
就这样活着——要么陶醉地死去。

① 这是作者最后一首诗，写于自英国赴意大利的船上。当时他正热恋一位名叫Fanny Brawne的少女，但自己已患不治之症，来日无多。诗中交织着爱情、死亡和永恒的主题。

75 露丝

霍德[1]

她站在齐胸高的麦田里，
金色的晨曦把她紧紧抱起，
她就像太阳的心上人，
赢得了无数闪光的吻。

她的脸像秋天的果实，
泛着红晕 —— 如此的颜色
在枯黄的原野上显现，
犹如红罂粟开在田间。

眼睛两侧披散着她的乌发，
那黑的极致，无人能表达，
长长的睫毛挡住一丝光芒，
那光辉闪耀，无比的明亮。

---

① 托马斯·霍德（Thomas Hood，1799—1845），诗人。生于伦敦的一个书商家庭，一生在艰难困顿中度过：少年丧父，得不到正常的教育。做过多份文学杂志的编辑，写过一些机智幽默的诗歌作品，但经济始终拮据。代表作有《衬衫之歌》《叹息桥》《劳工之声》等。

头上戴的帽子饰有花边，
给披发的前额留下一片阴影；
她就这样站在麦捆丛中，
带着甜美的笑将上帝歌颂。

我敢断言，上天并没有规定：
我收割麦子而你只能拾穗，
把麦捆放下吧，来到我身边，
与我分享丰收，共组家庭。

76　再说一遍吧[①]

勃朗宁夫人[②]

再说一遍吧，说完百遍说千遍，
就说你爱我。尽管你早已这样做，
像布谷鸟一再重复布谷之歌；
请记住：无论何处，从山岗到平原，
从峡谷到林间，如没有布谷的歌唱，
穿绿装的明媚春天就呈现欠缺。
爱人啊，暗地里我总犯迷惑，
怀疑你的心声，痛苦中我会呼喊：
“再说一遍吧——就说你始终爱着！”
谁会嫌星星太多，即便星斗满天？
谁会嫌鲜花太多，即便四季不落？
说你爱我吧，爱我，爱我，就像银铃
响个不停！——亲爱的，听我说，
沉默时也爱着我，凭你的灵魂！

① 此诗为《葡萄牙人十四行诗》第 21 首。

② 伊丽莎白·巴莱特·勃朗宁（Elizabeth Barrett Browning，1806—1861），诗人勃朗宁的妻子。早年负有诗名，但一直体弱多病。嫁给勃朗宁以后，爱情证明比药物更有益于她的健康。勃朗宁称她为“一半天使，一半小鸟”。她则不停地写诗向勃朗宁表白自己的感情。后来这些诗汇集成《葡萄牙人十四行诗》出版，成为爱情诗的名作。

77　我如何爱你，让我诉诉衷肠[1]

勃朗宁夫人

我如何爱你，让我诉诉衷肠：
我爱你至深至沉，已达我的灵魂
能达的极致，一旦你不在身边，
我便觉末日来临，主的恩慈已绝。
我爱你，就像对待阳光和烛火，
那是生活的必需，片刻不可分离。
我要倾情爱你，就像人追求自身权利；
我要虔诚爱你，一如教徒走出教堂。
我爱你，充满激情和童年的向往，
那激情曾伴随我度过往日的忧悒。
我爱你，充满眷恋，生怕它转眼消失，
连同我的天使——我爱你永生永世，
凭我的呼吸、微笑和泪水——如果上帝愿意，
等我死后，我还要加倍爱你。

① 此诗为《葡萄牙人十四行诗》第 43 首。

78　我死后，请别来

丁尼生[①]

我死后，请别来，
别在我的坟前流淌愚昧的泪，
别围着我垂下的头颅乱踏乱踩，
既然你无能为力，就别惹恼这倒霉的遗骸。
让风为我哭泣，让鸟为我哀鸣吧，
而你，请走开！

孩子，如果这是你的过错，你的罪恶，
我也关心不了你，我的一切都已丧失。
你就嫁个良人吧，反正我已厌倦人间的岁月，
很想就此休息。
走开吧，脆弱的人，让我躺在这里。
走吧，走吧！

---

① 阿尔弗莱德·丁尼生（Alfred Tennyson，1809—1892），生于林肯郡的一个牧师家庭。这个家庭有12个孩子，其中的大多数都具有诗歌天赋。1827年，丁尼生跟自己的兄弟合作出版了一部诗集《两兄弟的诗》。1828年入剑桥的三一学院学习，但三年后未获学位就离开了学校。1850年成为桂冠诗人。诗作有《悼念集》《国王之歌》等。由于他写诗讲求形式美，人称“艺术的诗人”（a poet of art）。

79　绚丽的晚霞[①]

丁尼生

绚丽的晚霞飞落于城堞，
映照神话般古老的雪山之巅，
长长的霞光在湖面上摇曳，
狂野的瀑布在荣耀中飞溅。
吹吧，号角，吹吧，让回声飞向茫茫荒芜，
吹吧，号角；回声响起，一声声远去，远去。

噢，听，噢，听见了！ 微弱而清晰，
更微弱，更清晰，越传越远！
噢，甜蜜的声音来自悬崖峭壁，
精灵王国的号角依稀可闻！
吹吧，让我们谛听紫色的幽谷的回音，
吹吧，号角；回声响起，一声声远去，远去。

爱人啊，回声已沉寂在璀璨的天空，
已消遁在山野、田间和溪流里；
但我们的回声从灵魂飘向灵魂，

---

① 此诗是长诗《公主》中的插曲。

只会不断地增强，永朝永夕。

吹吧，号角，吹吧，让回声飞向茫茫荒芜，

吹吧，号角；回声响起，一声声远去，远去。

80　无论如何，我不会妒忌

丁尼生

无论如何，我不会妒忌
缺乏义愤之火的俘虏，
红雀一经牢笼的养育，
不知夏日丛林的瑰丽。

我不妒忌野兽的任性纵情，
它们在时间的天地作恶，
无拘无束，不知恶为何物，
心中的天良从未觉醒。

我不妒忌不受盟约的心，
有人会把它视为福音，
但它只会在慵懒中消沉；
我也不妒忌逃避中的安宁。

我相信，不管发生何事；
我觉得，即便忧心惨切；
与其从来没有爱过，
不如爱过，而后失去。

81　夜中幽会

勃朗宁[①]

灰蒙蒙的海洋，黑黝黝的大地，
黄灿灿的新月又大又低；
受惊的细浪卷起一个个火环，
在沉睡中跳得好不欢畅。
我推着小船进入小海湾，
把船停在泥污的沙地上。

然后沿海水飘香的沙滩行走一英里，
再跨过三块麦地，一个农庄便在眼底；
窗玻璃上轻轻一磕，随即迅速一擦，
点燃的火柴喷吐火苗，呈一片蓝色；
又惊又喜中发出一声轻轻的呼叫，
那声音比两颗心的撞击还微小。

---

① 罗伯特·勃朗宁（Robert Browning，1812—1889），与丁尼生齐名的诗人。生于伦敦的一个中产阶级家庭。6岁开始模仿拜伦写诗，后来转向学习雪莱。早期的创作很少受到读者关注，直至1846年，才突然闻名英国，但不是因为他的诗，而是因为他与当时最著名的女诗人伊丽莎白·巴莱特私奔。勃朗宁得到学界认可，以及确立崇高的诗人地位都在死后。他对英语诗歌最大的贡献是创造了一种新体裁：戏剧独白。诗集有《戏剧抒情诗》《戏剧罗曼史和抒情诗》《男男女女》《指环与书》等。

82　爱

勃朗宁

一年的时光就如此消逝！
（爱我吧，永远！）
整个三月忙忙碌碌，
都在为四月的事操劳，
五月有鲜花把我环抱，
但六月就得分道扬镳。
如今大雪在我身边飞扬，
六月的热情早已消亡——
（爱我吧，永远！）

83　我已故的公爵夫人——费拉拉[①]

勃朗宁

墙上挂着我已故的公爵夫人像，
画像栩栩如生，堪称绝世珍品。
佛拉·潘多夫的画笔忙活一天
才大功告成，让她在此立身。
阁下要不要坐下仔细看看？
我特意提及潘多夫，这是因为：
你这样的陌生人见了画中面容，
见了这无比深情而热烈的眼神，
都会转身对着我，（我现在
为你揭去画像上盖的布帷）
他们只要有胆量，一定会问：
画家怎么画得出这般眼神？
是的，并非你第一个这样相问。
先生，公爵夫人脸上那块红晕

① 此诗是一首戏剧独白诗，独白者为费拉拉公爵艾尔逢索（生于1533年），他25岁那年娶了佛罗伦萨公爵之女为妻，当时她才14岁。婚后第三年，公爵夫人去世，死因存疑。而后艾尔逢索公爵预备再娶，女方是奥地利的一位伯爵小姐。伯爵派来一位使者与公爵谈论这桩婚姻。公爵领使者观看他已故夫人的画像，此诗即为公爵在画像前对使者的“独白”。

并非单单为她的丈夫而生。
也许潘多夫就碰巧说过这话：
“披风将夫人的手盖住太多；
红晕向颈部褪去，隐隐约约；
那不是我们的颜料所能复制。”
她知道，这样的话出于礼节，
但也足以使她变得春风得意。
她这人——我怎么说她好呢？——
太爱听好话，太容易动感情；
见什么爱什么，眼珠转个不停。
先生，她就这个样！喜欢佩戴
我送的饰物，喜欢落日的余晖，
好事的傻瓜为她在园中折取
一支樱桃，或者让她骑白骡
绕园子走走——所有这一切
她都赞不绝口，至少闹个红脸。
她感谢人——这很好！但这感谢——
我不知她怎么谢，只是觉得
她把我给她的九百年的门第

等同别人的礼物。这点小过失
谁愿意追究？即便你口才甚好，
（我没口才）也犯不着跟她计较，
阐明你的意志，说，“我厌恶
你的这点那点；这是你的疏忽，
那是你的越轨。”——即便她愿意
从中吸取教训，不跟你争辩，
不为自己找借口，但即便如此，
我也觉得有失身份，不屑为之。
噢，先生，她爱笑，这没疑问，
只要我走过她身边；但对别人
她也笑脸相迎！后来我只好下禁令，
她的笑从此消失。如今她栩栩如生，
挂在这上面。请阁下起来，我们
还要下楼会见几个朋友。我重申：
伯爵——您的主人出名的慷慨大方，
关于嫁妆，我提的要求也颇正当，
他一定不会轻易予以拒绝；不过，
正如我当初所说，他漂亮的女儿

才是我追求的目标。先生，来吧，
我们一块下楼。看看这座雕像，
海神在驯海马，不愧为稀世珍宝，
这是京城的克劳斯用铜为我铸造。

84　如果悲伤对悲伤能使你动情

勃朗特[①]

如果悲伤对悲伤能使你动情，
如果痛苦换痛苦能使你感怀，
如果怜悯能融化你的心，
来吧，现在就到我这里来！

我不能再将寂寞忍受，
苦闷的生活不能再继续！
我疲惫的心在激烈颤抖，
它将破碎，为了你！

当世上的人把我轻视，
当上天拒绝我的祈祷，
难道天使也把我抛弃？
偶像也不听我的求告？

---

① 艾米丽·勃朗特（Emily Brontë，1818—1848），小说家、诗人，作家夏洛特·勃朗特的妹妹。生于一个穷牧师的家庭，3岁丧母，几乎没有受过正规的教育。1846年，与姐妹以假名出版了一部诗集《卡勒、艾里斯、艾克顿·贝尔的诗》。1846年出版长篇小说《呼啸山庄》。1848年死于肺结核。现在的文学界、批评界已将她视为英国最重要的小说家和诗人之一。

是的，凭我为你流下的泪，
凭我为你经受的百般苦难，
哦，我定要赢得你的青睐，
让你再次把我爱上！

85 忆

勃朗特

地下冷啊，身上还盖着厚厚积雪，
远离人世，你就在这阴冷的墓里！
隔绝一切的时间之河终将你隔绝，
唯一的爱人啊，我何曾忘了爱你？

如今我孤身一人，我的思念怎能
不盘旋在这北部海岸和连绵高山，
怎能不栖息于石楠和蕨草的莽丛，
以求与你高贵的心灵永远相伴？

地下冷啊，十五个寒冬腊月过去，
那些褐色的山岗都已融化成春天，
经过这么多年的变迁和凄凉悲苦，
我这灵魂依然记着你，依然坚贞！

青春的恋人啊，即便我把你忘记，
那也情有可原：世俗之潮卷我前行，
别的欲求与希望将我团团围起，
你因此被遮蔽，但我不能待你不公。

迟来的阳光已照不见我的天堂，
明天的晨曦也不再为我闪光，
我一生的幸福都寄寓在你身上，
我一生的幸福就在你的坟场！

但是，当金色梦中的日子消逝，
甚至连绝望也失去毁灭的力量，
这时，我得学会对生存的珍惜，
勉力维持，让生存滋养于无欢。

我得遏制青春的灵魂对你的思慕，
擦干从无用的激情流下的泪滴，
你的坟墓，其实就是我的坟墓，
但我仍得拒绝，不急于登程归去。

我甚至不敢让灵魂从此萎靡，
不敢沉溺于记忆的大悲和大喜；
如我在神圣的苦恼中陶醉自己，
那我如何直面这空洞的人世？

86 渴望

阿诺德[①]

来吧，到我的梦中造访，
让我白昼的神志恢复正常。
只要晚上的所得足够丰厚，
白昼无望的思念何须怨尤。

来吧，像你千百次降临那样，
作为使者起驾于耀眼的东方，
向你的新世界露出笑脸，
仁慈地待我，一如对待别人。

如果你事实上从未来过下界，
就请现在来，让我梦中见到你，
把我的头发分开，吻我的额头，
并说一声：亲爱的，你为何忧愁？

---

① 马修·阿诺德（Matthew Arnold，1822—1888），诗人、文学批评家，史学家托马斯·阿诺德的儿子。在父亲任校长的学校接受早期教育，而后求学于牛津大学。诗歌代表作有《迷途的狂欢者》《色希斯》《多佛海滩》《索赫拉布和鲁斯托姆》等。文论著作有《论今日批评的作用》《诗的研究》《评华兹华斯》等。

来吧，到我的梦中造访，
让我白昼的神志恢复正常，
只要晚上的所得足够丰厚，
白昼无望的思念何须怨尤！

87　闪光

但丁·罗塞蒂[①]

我曾经来过这里，
但说不清时辰和动机：
我知道门前有块草地，
还记得那沁人的香味，
沿岸的灯火和深沉的叹息。

你曾经是我的心上人，
多久以前我已说不清楚：
但是，当燕子飞上蓝天，
你打算跟我亲吻，
有块面纱落地——被我认出。

这种事以前是否有过？
时间那飞速盘旋的车轮

---

① 但丁·加百利·罗塞蒂（Dante Gabriel Rossetti，1828—1882），画家、诗人、文学翻译家。其父亲是意大利人，1824年迁居英国。1848年，他与密莱司、亨特等人共同发起成立拉斐尔前派兄弟会，主张绘画应具有宗教道德教育意义和缜密的写实态度。他的诗虽不如画有名，但也颇有成就。诗集有《民谣和十四行诗》。

是否能不顾一切
恢复我们的生活和爱情，
并再缔造一场日日夜夜的欢乐？

88　歌

克里斯蒂娜·罗塞蒂[①]

当我死时，我最亲爱的，
别为我唱悲伤的歌；
既不要在我头上栽种玫瑰，
也不要栽种多荫的桧柏；
就让青草在坟上蔓生，
任阵雨潇潇，露珠浸润：
你如愿意，可以记住我，
你如愿意，也可以忘了我。

我将见不到影子，
我将受不着雨淋，
我将听不见夜莺
唱起貌似痛苦的歌声：
当我的梦将透过

---

① 克里斯蒂娜·罗塞蒂（Christina Rossetti，1830—1894），女诗人，画家但丁·罗塞蒂之妹。曾协助母亲创办走读学校，后在教会供职。她的诗语言朴实无华，亲切生动，但具有神秘色彩。著有长诗《王子的历程》，童谣《妖精市场》等。

无升无落的暮色，
也许我会记得你，
也许我会忘了你。

89　回声

克里斯蒂娜·罗塞蒂

请到我这里来，趁夜深人静，
趁我在熟睡中默默梦呓，
回来吧，带着你那张温和的圆脸
和那双与映照溪水的阳光一样灿烂的眼睛，
哟，记忆、希望和往昔的爱情，
请你们都含泪归来！

哟，甜美的，极度甜美的梦，
如此美景本该出现在天堂，
因为那里聚居着充满爱心的人，
一双双渴望的眼睛
紧盯着那扇慢慢开启的门，
可惜那时已不再放人。

还是到我梦中来吧，以便我
在死亡的冷酷中重温生活；
回到我的梦中来，以便我们
心心相印，息息相关：
悄悄说话，紧紧依偎，
就像很久很久以前那一对恋人。

90　生日

克里斯蒂娜·罗塞蒂

我的心像一只会唱歌的鸟
筑巢在临近溪流的树梢，
我的心像一棵苹果树，
枝头上挂满累累的果实；
我的心像一道彩虹
悬挂在平静的海空。
我的心比这一切幸福得多，
因为我的爱人要来找我。

请为我用丝绸把高台搭起，
上面挂起染成紫色的栗鼠皮；
高台上雕以鸽子和石榴花，
五十只孔雀的眼睛齐放光华，
金色和银色的葡萄四周悬垂，
再饰以绿叶和银色的鸢尾，
因为我的生日临近，值得庆贺，
我的爱人马上要来找我。

91　有爱就足够

莫里斯[1]

有爱就足够，尽管这世界正在衰亡，
森林里除了怨言听不见其他声响。
尽管天空一片黑暗，模糊的双目
很难发现地上的金杯和盛开的雏菊；
山上阴影幢幢，大海只是黑雾一团。
今天给昨天的一切盖上一层屏障，
但他们的手不会颤抖，腿也不摇晃，
空虚不会使他们厌倦，恐惧也难变换
他们的话题，转移相爱者的目光。

---

① 威廉·莫里斯（William Morris，1834—1896），作家、诗人，出生于富有的商人家庭。毕业于牛津大学埃克塞特学院。主编过宣扬激进思想的刊物。对装帧艺术有较大的贡献。诗歌代表作有《伊阿宋的生与死》《地上乐园》等。

92 舞台之爱

斯文本[①]

当两人间打趣遣闷的游戏开演，
他演王，她扮后，比比谁演技高明；
笑柔润如泪，泪又转化为笑，
这都是她的追求，但不幸跟着来到。

无爱的欢乐，痛苦趁夜间悄悄进犯，
长久的欢愉中掺和诸多刺痛和污漫；
与半真半假的情人表演爱的游戏，
这一切当初她一概不懂，一概不知。

时间是合唱队，给了他们笑和哭的提示；
他们将残杀、欺骗、取悦对方，又要他死，
今天要他织网，明天又将网儿弄断，
直到他在游戏中长眠，在悲哀中退场。

---

① 阿尔杰农·查尔斯·斯文本（Algernon Charles Swinburne，1837—1909），诗人，文学批评家。出生于诺森伯兰的望族，就读于牛津大学。主要诗歌作品有诗剧《阿塔兰塔》，诗集《诗歌与民谣》《黎明前的诗歌》等。他的诗讲究词采，富于音乐感。常常为了追求韵律的美而不惜牺牲内容。他属于诗歌中的形式主义者，主张为艺术而艺术。

岁月意味什么？时光如何消逝而又不灭？
爱情如何萌发，又笑又哭，然后归于消歇？
这一切她终于懂得，并把其价值掂估，
但此时为取悦男人而演的戏已经谢幕。

93　伊堤罗斯[①]

斯文本

燕子，我的姐姐，哟，姐姐燕子，
你的心怎么会这般春意盎然？
一千个夏天已消逝，已作古。
你发现春天有什么值得追随？
什么事值得你用心来歌唱？
夏季过去，你要飞往何处？

哟，燕子，姐姐，疾飞的燕子，
春天过后，你为何要飞往南方？
温暖的南方就那么值得你思慕？
是不是那里没有往昔的痛苦？
你在那里唱歌不会失调走腔？
你是否先于我忘记了过去？

① 此诗为戏剧独白诗，独白者是夜莺菲罗墨拉。据希腊神话，色雷斯国王奸污了王后普洛克涅的妹妹菲罗墨拉，为了掩饰罪行，色雷斯国王将菲罗墨拉囚禁于塔楼，并割去她的舌头。普洛克涅了解事情真相后替妹妹报仇：亲手杀死她与国王所生的儿子伊堤罗斯。色雷斯国王随后追杀两姐妹。两姐妹在逃命途中被神变形：普洛克涅变成了一只燕子，菲罗墨拉成了一只夜莺。

姐姐，我的姐姐，可亲的燕子，
太阳离你遥远，南方隔之千里。
但我在这里照样活得称心：
我把歌唱向高空，唱向天际，
从茶色的身躯，小小的喉舌，
向黑夜的心献出火样的情。

哟，燕子，姐姐，善变的燕子，
瞧瞧我夜莺吧，这一整个春天，
一整个春天，我自始至终
披一袭露珠闪烁的夜光衣
不息地歌唱，领着时光和鸟儿飞行，
追寻着太阳，直到它显出真身。

姐姐，我的姐姐，噢，轻柔的燕子，
即便万物都在春天的客厅欢宴，
你凭什么也那么兴高采烈？
不管你飞往哪里，我都不会追随你，
直到生命遗弃我，死神把我叨念，

直到你记起我，我忘却一切。

燕子，我的姐姐，爱唱歌的燕子，
我不知道你怎么还有心思歌吟。
你有一颗心吗？事情都过去了？
夏天是你的主人，值得你追随，
拥有美足的春天是你的爱人，
你对这位爱人有什么要说？

哟，燕子，姐姐，疾飞的燕子，
我的心是一堆熔化的余烬，
我头上是一片汹涌的海洋。
如果我犯健忘，只有你依然铭记，
如果你不忘过去，是我忘了干净，
那时你可留下，让我飞离远方。

迷途的姐姐啊，善变的燕子，
由于心性相异，你我各奔东西。
你的心轻浮，树叶般飘忽不定；

我的心始终徘徊在海港天际，
流连于伊堤罗斯被害的凶地，
纪念着达利斯之宴和色雷斯海滨。

哟，燕子，姐姐，疾飞的燕子，
不要再歌唱了，我恳求你。
屋顶和门楣都湿了，你没看见？
塔楼内结满了蛛网，你不记得？
被杀的小身体，那花一般的脸，
即便你忘了，我铭记在心！

姐姐啊姐姐，那是你的头生子！
他的手拉着你，他的脚跟着你，
孩子的鲜血仍在那里呼喊：
谁还记得我啊？谁把我忘了？
忘了他的是你哟，夏日的燕子！
若要我忘记，那该是世界末日。

94 安魂祈祷

王尔德[①]

脚步轻点，她就安眠
在附近的雪地里，
说话轻点，她听得见
雏菊成长的声息。

她的金发油光发亮，
这会儿已是锈迹斑斑；
一个年轻貌美的姑娘，
如今已与尘土为伴。

她如百合般亭亭玉立，
无忧无虑地成长，
连她自己也不知，
转眼已成大姑娘。

---

① 奥斯卡·王尔德（Oscar Wilde，1854—1900），诗人，剧作家，童话家，出生于爱尔兰都柏林的一个医生家庭，毕业于都柏林大学三一学院，后又赴牛津大学学习古希腊哲学。倡导唯美主义，认为“艺术只表现自己，不表现其他东西”。诗歌作品有《诗集》《斯芬克斯》《里丁监狱之歌》等，戏剧作品有《认真是重要的》《莎乐美》等，童话作品有《快乐王子》《自私的巨人》等。

棺盖沉重如顽石，
压住她的胸膛；
我悲痛我的孤寂，
悲痛她的夭亡。

轻点，轻点，她再听不见
十四行诗和竖琴的声音；
再添一些土上去吧，
这里埋着我全部的生命。

95　圣瓦伦丁节

布伦特[①]

今天，我一直骑马奔驰在多恩，
猎犬和骑士组成勇敢的一群。
壮丽无比的大海就在这边，
那边是褐色的萨塞克斯森林。
风轻轻地吹，太阳金光闪闪，
我们骑马越过遍布金雀花的山冈。
有一回我勒住马，倾听画眉歌吟，
马伸长耳朵，也在听这陌生的声音。
我知道，春天已经来到这里，
这一点我比任何人都清楚：
捕猎中穿越灌木、山丘和海天，
我似乎一直在把你的脸追寻。
你的脸是我的猎物，我为此驱驰，
我的马权充羽翼，神就是我自己。

① 威尔夫莱德·布伦特（Wilfrid Scawen Blunt，1840—1922），诗人，阿拉伯语学者，1869年娶拜伦的孙女为妻：生活的态度，诗歌的风格都有刻意效仿拜伦的倾向。政治上支持印度、爱尔兰独立，一度入狱。主要诗歌作品有《普罗托斯的十四行诗和歌》。

96　镇上的暴风雨

哈代[①]

她穿一件赤褐色的新衣，
由于天空下起瓢泼大雨，
我们继续留在马车篷里，
尽管那马早已停下脚步。
我们僵坐着，心中阵阵欢喜。

大雨不久停了，我感到痛苦。
刚才挡住我们躯体的那块玻璃
突然被掀起，她向车门跃去，
如果这雨有一分钟的延续，
我一定已跟她亲吻在一起。

---

①　托马斯·哈代（Thomas Hardy，1840—1928），诗人，小说家，出生于多塞特郡的博克汉姆顿。早期的诗作无缘发表，转写小说，一举成名。后再回头从事诗歌创作。1898年出版第一部诗集《威塞克斯诗集》，而后又出版《时光的笑柄》《冬天的话》等诗集。小说代表作有《德伯家的苔丝》《还乡》等。

97 堕落的姑娘

哈代

“奥米莉娅，亲爱的，这真叫凑巧！
能在城里见到你，谁能想象得到？
哪来这漂亮的衣服，哪来这福气？”
她说：“我已堕落，你蒙在鼓里？”

“你出门时破破烂烂，没鞋也没袜，
你讨厌挖土豆，不愿意锄草种瓜；
如今你戴起镯子，一身绫罗绸缎！”
她说：“是的，堕落的人都这打扮。”

“在家乡时，你说‘唔奴’和‘其奴’，
管姨妈叫‘姨嬷’，娘亲叫‘阿姆’；
如今你说话，已完全符合上流社会。”
她说：“人一旦堕落，就拥有了高贵。”

“当年你的手像爪子，脸黄中带青，
如今你的脸又白又嫩，十分的迷人，
手上还戴小手套，俨然一个贵妇。”
她说：“我们堕落后就不再有劳苦。”

“你总说家乡的生活是一场噩梦，
你又是叹息又是捶胸；但如今
你好像无忧无虑，心情从不低落。”
她说：“是的，堕落的人都很快活。”

“我想拥有珠宝，让长袍拖到地上，
脸也那样白嫩，在城里招摇闲逛。”
她说：“亲爱的，你不能想那么多：
你是刚来的乡下姑娘，还没有堕落。”

98　爽约

哈代

你没有赴约，
时间在逼近，我的知觉变得麻木。
但比你的缺席更糟的是：
我由此发现你缺乏高贵的同情；
仅仅为了证明你有仁爱之心，
你也该勉力而为，践约前来。
当希望的钟声最终沉寂，我痛心
你没有赴约。

你不爱我，
唯有爱能催生出你的忠诚；
——这我自始至终懂得。然而，
在人类实至名归的神圣懿行中，
难道不值得你花有限的一小时
再添一件善事：你，一个女人，
安慰一下受时间折磨的男人，即便
你真不爱我？

99　哟，当我爱上你时

豪斯曼[①]

哟，当我爱上你时，
我既潇洒又勇武，
方圆几十里的一个传奇：
都说我做人规矩。

如今幻想破灭，
我已一无所有，
方圆几十里众口一词：
都说我秉性依旧。

---

① 阿尔弗莱德·爱德华·豪斯曼（Alfred Edward Houseman，1859—1936），学者，抒情诗人，校勘学家。出生于伍斯特郡的一个律师家庭。曾在牛津大学攻读古希腊罗马文学。毕业后做过伦敦专利局的职员，后任教于伦敦大学和剑桥大学。他的诗多以农村生活为背景，语言简洁、明快。诗集有《希罗普郡的少年》《最后的诗》等。

100　我们走过田野

豪斯曼

我们走过田野，
那是一年前，我和我的爱人。
篱笆旁，岩石上，
有株白杨在自言自语：
“哟，是谁路过这里并在亲吻？
是一位乡下情郎和他的情侣；
两个情人打算配对成双，
时间老人将把他们推上婚床。
但她将躺下，泥土盖在上面，
他则睡在另一个女人身边。”

千真万确，此时树底下，
行走着我和另一个情人，
头顶的白杨摇摇晃晃，
雨后的银叶哗哗作响；
我不理解嘈杂声的含义，
也许它们是说我身边的姑娘。
它们谈论的是不久后的事，

拿她来解释倒也顺理成章，
到时候我将与野草共眠，
她则睡在另一个男人身边。

101 道路漫漫伸展在月光下

豪斯曼

道路漫漫伸展在月光下，
苍白的月亮头顶高挂；
道路漫漫伸展在月光下，
指引我离开爱人的家。

寂静的树篱不挂一丝风，
更寂静的还有树的投影；
我的脚印留在月照的黄尘，
沿着那不见尽头的小径。

小径笔直地向前方延伸，
旅行家都说地球呈圆形，
只要你不停地走，不畏艰辛，
就能顺利返回自己的家园。

兜这个大圈子回家以前，
这条路一定十分的遥远：
道路漫漫伸展在月光下，
指引我离开爱人的家。

102　我的心里充满忧伤

豪斯曼

我的心里充满忧伤，
为那些金子般的友朋，
为许多红唇的女郎，
许多脚步轻盈的后生。

小溪太宽难以跨越，
后生们就躺在溪流旁；
红唇姑娘入睡在田间，
一旁的玫瑰已经凋亡。

103　丽达与天鹅

叶芝[1]

猛地一扑：一对巨翼降落少女头顶，
使她踉踉跄跄站立不稳，黑色的蹼
抚弄她的大腿，鹅喙衔住她的脖颈，
那天鹅的胸脯已紧紧压住她的胸脯。

她那双因惊恐而僵硬的手怎能从
松开的腿间推开白羽赋予的荣耀？
她的身体倒在雪白的灯心草丛中，
怎会感觉不到那不可思议的心跳？

股间的一阵震颤，居然由此导致
城墙的倒塌，楼宇被烈火焚毁，以及

① 威廉·巴特勒·叶芝（William Butler Yeats，1865—1939），爱尔兰诗人。生于都柏林的一个艺术家家庭。父亲和兄弟杰克·叶芝都是画家。早年也曾学习绘画，但后来弃艺术而专志于文学。一生中不断尝试新的诗风，唯美主义、象征主义、现代主义中都留下过他的足迹，尤以象征主义诗歌的创作著称于世。一生共写过11部诗歌、26个剧本、9部散文集和一些哲学、文论的著作。艾略特曾把他称为“我们时代最伟大的诗人”。1923年因“始终富于灵感的诗歌”获诺贝尔文学奖。

阿伽门农的死亡[1]。她如此被霸占，
被来自空中的鲁莽的血所挟制，
当那冷漠的鹅喙终于放开她时，
她是否拥有了他的知识和力量？

① 据希腊神话，变作天鹅的主神宙斯与丽达的这一次结合，生下了美人海伦。特洛伊王子帕里斯诱拐了海伦，导致特洛伊战争。城墙的倒塌，楼宇被烈火焚毁，阿伽门农的死亡，指的都是这次战争的结果。

104　赛莱公园附近

叶芝

我与情人相遇在赛莱公园附近，
她那双雪白而修长的腿刚踏出草坪，
她嘱我对爱情要宽容，让它像树上的叶子自由生长，
但我当时太年轻，太愚昧，不愿附和她的主张。

我与爱人伫立在河边的田野上，
她那雪白的手搁在我微倾的肩膀，
她嘱我对生活要宽容，让它像堤坝上的草自由生长，
但我当时太年轻，太愚昧，如今只有泪眼汪汪。

105　当你老了

叶芝

当你老了，头发白了，经常犯困，
总在炉旁打盹儿，请取下这部书，
慢慢读，追忆往昔温柔的注目，
回想你目光中那浓重的阴影；

多少人将你青春的优雅爱慕，
恋着你的美，不管假意与真心，
但只有一人爱你虔诚的魂灵，
爱你衰老时写在脸上的愁苦。

低下头来吧，在通红的炉栅边，
悄悄地倾诉，带着一丝的忧伤，
说说爱神如何逃遁到高山之上，
在那里踱步，隐身于星星中间。

106　千万别献出你的整颗心

叶芝

千万别献出你的整颗心，
爱情其实不值得你太用情。
如果有多情的少女自以为是，
她自己一定始料未及：
爱情就在一次次亲吻中消弭。
一切美好的东西都是过眼烟云，
梦中幻影，暂时的祥和与欢愉。
哟，千万别即刻把整颗心献出，
那些懂得变通的人都这么说：
他们的日子都在游戏中度过。
如果对爱情装聋作哑，视而不见，
谁还能把这戏演得精彩纷呈？
说这话的人吃过爱情的苦头，
他献出过整颗心，结果一无所有。

107　哦，心上人，你来听听

乔伊斯[①]

哦，心上人，你来听听
你爱人的故事；
凡男人都会伤心，
如果朋友将他背弃。

那时他会懂得：
朋友都很虚伪，
他们说过的话，
只是灰烬一堆。

但有那么一个人
会悄悄地向他靠近，
并以爱的名义，
温柔地向他求婚。

---

① 詹姆斯·乔伊斯（James Joyce，1882—1941），小说家，诗人，出生于爱尔兰都柏林的一个贫穷的税务员家庭。就读于耶稣会学校，后入都柏林大学学习语言学。中学时代便开始文学写作。1904年“自愿流亡”欧洲大陆。先后在罗马、苏黎世等地教授语言。1922年出版著名的意识流小说《尤利西斯》，声名大振。诗集有《室内音乐》《一分钱一首的诗》。

这时他的手已经伸进
她光滑而丰满的胸际，
就这样，那忧伤的人
获得了休憩。

108　一天傍晚，我走出家门

奥登[①]

一天傍晚，我走出家门，
沿着布里斯托大街前行，
人行道两旁鳞次栉比，
是一片片成熟的麦田。

在河水满溢的岸边，
铁路桥的桥墩下面，
我听见一个恋人在歌吟：
“我的爱没有终点。

“我爱你，亲爱的，我爱你，
直到中国与非洲接壤，
直到河水跃上山顶，
大马哈鱼在街上歌唱。

---

① 温斯坦·休·奥登（Wynstan Hugh Auden，1907—1973），诗人。出生于英国约克郡的一个医生家庭，15岁开始写诗，在牛津大学就读时，已有许多爱好诗歌的青年追随他，人称“奥登派”。一度信仰过马克思主义，与德国法西斯作过勇敢的斗争，并同情中国的抗日战争。1939年定居美国，皈依基督教，世界观从此发生变化。1946年加入美国国籍。曾任教于美国多所大学。诗集有《短诗集》《长诗集》。

“我爱你，直到海洋被折起，
悬挂空中被太阳晒干，
直到七颗星成了鹅鸭，
在空中鸣叫着飞翔。

“直到岁月兔子般奔跑，
因为我把你拥在怀中，
你是千古不朽的一朵花，
你是我人世间的初恋。”

但城里所有的大钟
都气呼呼地开口申诉：
“哟，别让时间欺骗你，
也别妄想把时间征服。

“正义如今已赤身裸体，
在噩梦的洞窟幽囚，
时间在黑暗中监视，
你一亲吻，它就咳嗽。

“生活是一片混沌，
流失于病痛和焦虑，
时间有自己的幻想，
今天和明天，不分早迟。

“令人震惊的鹅毛大雪
飘向青翠的群山幽谷；
时间打断交织的舞蹈
和潜水者优雅的鞠礼。

“把你的双手伸入水中，
让水浸过你的手腕，
然后朝水盆仔细看看，
为你的所失而迷惶。

“冰川叩击你的食品柜，
沙漠在你的床上哀叹，
茶杯上显现一道裂痕，
是指向死亡的小巷。

“乞丐在那里博彩，
巨人施魔法将杰克迷惑，
纯洁的少年成了暴徒，
吉尔下山，已体无完肤。[①]

“哟，看看吧，看看镜子，
留意你自己的不幸；
虽然你不能赐福予人，
但生活仍是一种幸福。

“哟，站住吧，站在窗口边，
让伤心的泪夺眶而出；
你的那颗心已经扭曲，
就该去爱扭曲的邻居。”

① 杰克和吉尔，是童谣中两个上山取水的孩子，民间故事中也通常用这两个名字代替“小伙子”和“姑娘”。

天色已经很晚，很晚，

情人们都已散去；

时钟闭上了嘴巴，

但河水仍流淌不止。

美国部分

109　临产时致爱人

布莱斯特里特[①]

世间万事万物都有终期，
我们的幸福总伴随着痛苦。
亲近的友人，紧密的结合，
逃不脱命定的生离死别。
昔日的判决无挽回的可能，
死亡寻常事，无人能永生。
亲爱的，死神何时将我追寻，
你何时注定失去你的亲朋，
我们不得而知，但爱有嘱咐，
要我将这首离别诗献给你，
以便绑定你我的结一旦消除，
不复存在的死者也有其依附。
如果我半途而夭，天年未尽，

① 安妮·布莱斯特里特（Anne Bradstreet，1612—1672），诗人。出生于英格兰，父亲是马萨诸塞湾侨居地总督，16 岁嫁给西蒙·布莱斯特里特（另一侨居地总督）。1620 年随父亲和丈夫移居伊普斯威奇，后又定居于北安多弗。生有 8 个孩子，于繁忙的家务间隙从事诗歌创作。1650 年出版第一部诗集《最近出现于美洲的第十个缪斯》。著有长诗《新老英格兰的对话》《四王朝》等。最为人称颂的是晚年写的一些审察内心和新英格兰的短诗。

主会将我的余寿转赐予你。
你清楚，我有诸多的缺陷，
让它们随我一道埋入坟茔。
如果我也有些许优点和美德，
让它们在你的记忆里长驻。
当你不再为离世的人伤情，
请你仍爱着曾经相拥过的人。
你若续弦，以补偿你的所失，
请你照料好我留下的孩子。
如果你爱自己，对我也有爱，
千万别让他们受后母伤害。
如果你有机会读到这首诗，
请叹息几声，光耀我的坟墓，
为你的爱人吻一吻这片纸，
她用咸泪向你作最后辞别。

110 哟，绝色的乡下姑娘

布赖恩特[①]

哟，绝色的乡下姑娘！
你出生在最美的山乡；
当你睁开婴孩的眼睛，
所见的是绿叶与蓝天。

孩提时的游戏和闲逛
都在葱绿的田野河滩，
那里具有的美的一切
都在你心上脸上荡漾。

晨晖照见树木和岩石，
留下光影在你的发际，
你的脚步如轻软的风，
在树叶子间穿梭不停。

---

① 威廉·卡伦·布赖恩特（William Cullen Bryant, 1794—1878），诗人。出生于马萨诸塞州的卡明顿，就读于威廉姆斯学院。14岁时就写出诗歌《封港令》讽刺杰弗逊政府的贸易政策。1817年出版诗歌《死亡观》，声名大振。1825年开始从事编辑工作。布赖恩特是一位自然的诗人，受过华兹华斯的影响。诗集有《诗集》《丛林颂》《树林间》《岁月的洪流》等。还翻译过荷马的史诗《伊利昂纪》和《奥德修纪》。

你的眼睛是两池清泉，
宁静中可见天堂巍然；
眼睫毛犹如泉边香草，
借着清泉将倩影探照。

你的脚在林地留下印迹，
那与你的呼吸一样圣洁；
空气中弥漫无限的幽静，
神圣的安宁就在此长存。

111 一切献给爱

爱默生[1]

一切献给爱，
让心作为主宰；
朋友、亲戚、岁月，
财产、名望，
规划、信誉、诗才——
什么都别拒绝。

爱是一位明主，
就让它君临天下吧！
唯她马首是瞻，
永远怀着希望。
爱无须张开翅膀，

① 莱尔夫·华尔多·爱默生（Ralph Waldo Emerson，1803—1882），思想家，文学家，诗人。生于波士顿，毕业于哈佛大学。本科毕业后入神学院深造。先后担任过教师和牧师。1832 年赴欧洲游历，接受康德的哲学。回国后主编评论季刊《日规》，创立超验主义哲学体系。他认为，自然现象都是某种精神现象的象征，只要你能感悟，就能掌握真理。他的哲学思想成了美国浪漫主义文学的哲学基础。他自己也写诗，他的诗体现一种智性的、哲理的、玄奥的思考。主要作品有《论文集》《代表人物》《英国人的性格》等。诗集有《诗选》。

她只要怀着默默的期待，
就能越升越高，
直上云霄。

爱是一位神，
认识自己的行程
以及通向天堂的门。
爱与卑贱无缘，
她需要大无畏，
无猜忌的胸怀，
不屈不挠的精神。
她只肯回报这种人——
当他们返回时，
意志更坚定，
勇气继续上升。

为爱抛弃一切吧！
但听我再说一句，
这将对你大有好处：

在你不懈的努力中再加一把劲儿，
就能使你如意称心，
今天，明天，乃至永远，
自由自在，一如
你所向往的阿拉伯人。

与少女一道生活吧！
但是，一旦惊惶
和猜忌的阴影
掠过她年轻的心扉，
欢乐离你而去，
那就别管她，任她远走高飞。
你用不着扯住她的衣襟，
更不必保留那枝从她的夏日王冠上摘下，
已经褪色的玫瑰。

尽管你爱她就像爱你自己，
甚至把她当作更圣洁的自我，
尽管她的分享使白昼显得暗淡，

使一切生命失去光辉，
但你仍应欣然领悟：
只要假神一走，
真神就在后头。

112　致海伦

爱伦·坡[1]

海伦，你的美在我眼里
犹如远古的尼西亚帆船
在芬芳的海上慢慢行驶，
载着疲惫的旅行者
驶向他的故土。

恶海上的漂泊早已习惯，
你的美发，典雅的面容，
天仙般的神采使我联想
古希腊的光荣
和古罗马的辉煌。

---

① 爱德加·爱伦·坡（Edgar Allan Poe，1809—1849），文学家，诗人。生于波士顿的一个演员家庭，1岁时父亲去世，2岁时母亲去世。爱德加被里士满商人约翰·爱伦收养，名字中加入中间名“爱伦”。1827年自费出版诗歌《帖木儿》，同年以假名，虚报年龄进入美国军队；1830年，入学西点军校学习，因玩忽职守被学校开除。后在里士满、费城、纽约等地任报刊编辑。著有长篇小说《毕姆历险记》和一些充满恐怖和惊险情节的短篇小说，被后人称为侦探小说先驱。诗歌代表作有《安娜贝尔·莉》《乌鸦》等。

看！在那边明亮的窗户旁，
我见你雕像般伫立，
玛瑙灯提在手里。
哦！普赛克仙女，
你来自那片圣地！

113　安娜贝尔·莉

爱伦·坡

许多年，许多年以前，
大海边某个王国里，
住着一位少女，认识她的人
都叫她安娜贝尔·莉；
她爱我，并希望我也爱她，
这是她活着的唯一目的。

我当时是个孩子，她也是个孩子，
在大海边这个王国里；
我们以一种超常的爱相爱——
我是说我和安娜贝尔·莉；
就连长翅膀的六翼天使，
对这爱也充满了妒忌。

很久以前，就由于这个原因，
在大海边这个王国里，
一阵冷风从云中刮起，
冻僵了我的美人安娜贝尔·莉；
她的高贵的亲属赶了过来，

从我手里抱走了她的尸体，
把她埋进一座坟墓，
就在大海边这个王国里。

天使在天堂生活得不如我们幸福，
因此对她和我产生了妒忌——
不错，就由于这个原因（众所周知，
在大海边这个王国里），
一阵冷风趁黑夜从云层刮起，
冻死了我的安娜贝尔·莉。

我们的爱胜过所有人的爱，
上辈人无法跟我们相比——
智者也无法跟我们相比——
无论天上的众天使，
还是海底的魔怪妖孽，
都无法分开我们的心，
让我与美丽的安娜贝尔·莉分离。

当明月照临，我总要梦见
我的美丽的安娜贝尔·莉；
当繁星闪烁，我总要联想她的眼睛，
我的美丽的安娜贝尔·莉；
每天晚上，我就躺在她身边，
躺在我的爱人——我的生命和新娘身边，
躺在大海边她的坟墓里，
躺在汹涌的大海边她的墓穴里。

114　乌鸦

爱伦·坡

一个阴沉沉的午夜，
案前一大堆奇书古籍
记载着被人遗忘的传说，
我苦苦思索，又累又困；
当我打起盹儿，几乎睡着时，
突然响起一记拍打声，
好像有人正在敲门——
在敲我的卧室的门。
我对自己说，“有客人来了，
客人在敲我的房门；
一定如此，没有别的解释。”

噢，这事我记得清楚，
那是阴沉萧瑟的腊月，
行将熄灭的每一块炭火
都鬼魂般在室内穿梭。
我渴望天色早点放明；
我徒劳地翻阅手中书卷，
那里没有消愁的良方——

消释我失去丽诺的忧愁——
丽诺，最美最可爱的少女，
为她起名的是天使——
人间从此没有这名字。

每一幅紫色的丝绸窗帘
都发出悲哀莫名的簌簌声，
令我毛骨悚然——使我内心
充满从未有过的疯狂和恐惧。
此刻，为了止住心跳，
我站在那里，重复着说：
“一定是什么人来找我，
求我允许他进入房门；
对了，没有别的解释。”

我的灵魂顿时变得坚强；
我不想再迟疑观望，
我于是说：“先生或夫人，
我真心请求你的原谅；

刚才我正在打瞌睡，
而你又拍打得太轻，
我是说刚才你敲得太轻——
我的房门你敲得太轻，
以致我不敢肯定门外有人。”
说完我便将房门洞开：
门外一片黑暗，一无所有。

我凝视黑暗的深处，
久久站在那里沉思
我恐惧，疑虑，做着梦，
做着常人从不敢做的梦；
但静寂没有被打破，
黑暗中没有任何人影，
只有一个声音在响，
那是一声“丽诺！”的低语，
低语出自我自己，回声
传来，也是低声的“丽诺！”
仅此而已，没有别的。

我返身回到室内，
灵魂整个儿都在燃烧，
很快又听见一记拍打声，
那声音比刚才还响。
我说：“这回清楚了，
有东西在敲我的窗棂；
让我看看究竟是什么，
让我揭开这个谜——
让我的心先静一静，
马上揭开这个谜；
肯定是风，没有别的。”

我于是打开百叶窗，
一只来自神圣古代的乌鸦
拍打着翅膀，摇着尾巴，
昂首阔步进入我的房间。
他没有向我致敬行礼，
没有迟疑，没有停下脚步，
他的神气就像这里的主人，
他在房门上方停息下来——
就停息在房门上方

那一尊雅典娜的塑像上——
那样蹲着，毫不含糊。

这只黑如乌木的鸟
凭着他天生的庄严仪表
哄着我悲伤的心窍，
让我转悲为喜。
我说："你真够胆大，
就不怕我把你的羽毛拔下！
你这阴森可怕的古代乌鸦，
来处黑暗的彼岸；
告诉我，在普路同的冥府，
你可有尊姓大名？"
乌鸦回答："永不再。"

丑陋的大鸟听得懂人话，
这让我无比惊讶，
尽管他的回答语焉不详，
好像还有点不恰当。
但我们不能不承认：
活在世上的芸芸众生，

没有谁能像我这样福星高照，
能亲眼见到房门上有鸟来到——
有鸟或兽光顾门庭，
栖息在房门口的塑像之上，
那鸟就叫“永不再。”

在这宁静的塑像上，
乌鸦独自停息，只说
一句话，他的灵魂
似乎凭这句话而倾诉。
他没有再说什么，
也不再拍打翅膀，
直到我禁不住自语喃喃：
“别的朋友已经飞走，
明天一早他也会离开，
就像希望弃我而去那样。”
乌鸦开口说：“永不再。”

他打破沉默的回答十分贴切，
我不由得大吃一惊。
我于是说：“毫无疑问，

这就是他能说的全部；
他从某位不幸的主人学得
这一句，但无情的灾难
追随他的主人，越追越紧，
直到他的歌负载起——
直到他希望的安魂曲
负载起忧郁的重荷，
这重荷就是“永不再。”

但乌鸦继续在哄我，
想让我由苦恼转为欢笑，
我索性将一把靠背椅
推到他跟前，推到塑像下方；
我往天鹅绒上一坐，
打算将自己的幻想
一一梳理，并揣摩
这只不祥古鸟的来历——
我想知道这只丑陋的、
不祥的、阴森可怕的古鸟
为何总是叫着“永不再。”

我就这样坐着，思忖着，
对这只鸟不发一言，
此刻，乌鸦眼睛中的火
已经点燃我的心灵深处；
我就这样坐着，揣测着，
我的头轻轻地靠住
座椅上的天鹅绒衬套，
任凭灯光轻慢的照耀。
这紫罗兰色的天鹅绒衬套，
这灯光轻慢的照耀，
她都不再拥有，永不再！

然后我觉得空气变稠密了，
无形的香炉由天使摇晃着，
散发出浓香，绒绒的地板上
响着天使的脚步，丁丁有声。
“可怜人啊，”我呼喊起来，
“上帝眷顾你，派天使
送来安息——安息和忘忧神水，
好让你不再思念你的丽诺！
喝下吧，喝下这忘忧神水，

忘了你已经失去的丽诺！”
乌鸦说：“永不再。”

“先知啊，恶魔啊，”我对他说，
“不论是鸟是鬼，你首先是先知！
不管你出于魔王的派遣，
还是狂风将你吹来此地，
你孑然一身，浑身是胆，
来到这被魔法控制的荒土——
来到这充满恐怖的家园——
我恳求你，求你如实相告：
在基列[1]，是否真有灵药？
告诉我，告诉我，我求你了！”
乌鸦说：“永不再。”

“先知啊，恶魔啊，”我对他说，
“不论是鸟是鬼，你首先是先知！
凭着我们头顶的苍天——
凭着你和我都崇拜的上帝——

① 基列，《圣经》地名，在约旦河东岸，那里出产止痛灵药。

告诉我这痛不欲生的灵魂：
在那遥远的伊甸园，
我是否能拥抱神圣的少女，
那位天使称为丽诺的姑娘？”
乌鸦说：“永不再。”

“你这鸟或魔鬼，”我尖叫着跳起，
“凭这句话我们分手吧！
回到你暴风雨的居所，
回到黑暗的普路同海岸！
你的黑羽毛，一根也别留下，
免得它见证你说过的谎话！
别将我的寂寞打破！——
离开我房门上的塑像！
别用你的嘴啄我的心，
请你离开我的家门！”
乌鸦说：“永不再。”

乌鸦没有动一动身子，
他始终停在那里，停在那里，
就在苍白的雅典娜的塑像上，

就在我的卧室的门上；
他的眼睛显现的神情，
就像魔鬼正在做梦，
灯光在他身上晃动，
地板上映出他的影子；
我的灵魂飘浮在地板上，
无法摆脱那影子，无法
往上升起——永不再！

115　爱情即缓即疾

梭罗[①]

爱情即缓即疾，

即高即低，

既是飞毛腿又是瘸子，

猎人与猎物合胎同体。

① 亨利·大卫·梭罗（Henry David Thoreau，1817—1862），散文家，政论家，诗人，生于康科德一户具有法国和苏格兰血统，宗教信仰混杂的家庭。1837年毕业于哈佛大学。而后在家乡教过书。从1841年到1843年，他跟爱默生生活在一起：像一个杂役一样为他服务。回到康科德后，他在瓦尔登湖附近自建了一座小茅屋，在那里住了三年。利用这一段经历，写出散文集《瓦尔登湖》。这部作品是"自然文学"的开山之作。他给自己的定位就是"一个神秘的、先验主义的、自然的哲学家"。他的诗不多，收在《自然的诗》中，是他去世后20年出版的。

116　我曾经路过一个人口稠密的城市

惠特曼[1]

我曾经路过一个人口稠密的城市，那时的表演、建筑、习俗和传统在我脑海里留下许多印记，

然而，诸多事物中如今我只记得一个女子，我们萍水相逢，我曾因爱她而流连忘返。

我们日日夜夜在一起——其他的一切都已被我遗忘，

我记得我说过，只有那女人无限深情地爱过我。

我们彷徨，我们相爱，我们又分开，

她再次握住我的手，而我必须上路，

我见她紧紧地依偎着我，嘴唇颤抖着，说不出话。

---

① 瓦尔特·惠特曼（Walt Whitman，1819—1892），诗人。出生于长岛一个有九个孩子的家庭。在布鲁克林接受教育。做过木工、排字工、教师、多家杂志的编辑，包括《布鲁克林时报》《奥尔良新月报》等。南北战争期间自愿去华盛顿当护士。许多传记作家都相信，他曾爱恋过一个混血女孩，这次爱情影响了他的人生轨迹。《草叶集》是他的代表作。这部诗歌集经他修订过多次，每修订一次都扩大了篇幅。另有组诗《桴鼓集》。

117　有时我跟所爱的人在一起

惠特曼

有时我跟所爱的人在一起，心里充满怒火，生怕我付出的爱得不到回报。

但如今我知道没有得不到回报的爱情，这回报肯定有，不是以这种方式，就是以那种方式。

（我热烈地爱过一个女人，我的爱没有得到回报，但从那次爱我写出这些歌。）

118 灵魂挑选自己的同伴

狄金森[①]

灵魂挑选自己的同伴——
然后——把门关上——
对于神圣的多数——
再无赠予——

无动于衷——她发现许多马车——
停在低矮的门前——
无动于衷——即便帝王跪倒在
门前的席垫上。

我认识她——来自一个富有的国度——

① 爱米丽·狄金森（Emily Dickinson，1830—1886），生于马萨诸塞州一个律师的家庭，在家乡接受教育。她的生活几乎是悄然无声的：总是安安静静地待在家里，除了少数几位最亲密的伙伴之外，差不多与世隔绝，不与任何人交往。她终身未嫁，她所认识的异性朋友寥寥可数。写诗只为自己的消遣，不为发表。她去世后，后人整理她的诗稿时才发现她一共写了一千七百多首短诗。诗的语言都很简洁，犹如格言，隐喻用得很多，意象非常鲜明。这种注重意象的写诗法启迪了后来的诗人，并形成了一场意象派运动。狄金森也因此获得了“意象派的保姆”（the precursor of the imagist school）的称号。

挑选一位——
然后——关上注意的阀门——
坚如磐石——

119　我为美而死

狄金森

我为美而死 ——
刚被安顿进坟墓，
这时，一位为真理而死的人
在隔壁的房间躺下 ——

他轻声问我“因何而亡”？
“为了美，”我回答 ——
“但我 —— 为真理 —— 他们是一家 ——
我们是兄弟，”他说 ——

就这样，我们亲人般相遇在夜晚 ——
我们隔着房间谈天 ——
直到青苔爬上嘴唇，
掩埋了我们的名字 ——

120 像其他东西，爱情已不适宜我们这年纪

狄金森

像其他东西，爱情已不适宜我们这年纪，
我们于是把它锁进抽屉，
直到它变得古色古香，
就像你祖先穿过的服装。

121　我的生命在终结前已终结过两次

狄金森

我的生命在终结前已终结过两次，
然而，它依然存在，想看看
不朽是否会为我
展示第三次终结，
那么严峻，那么无望，
就像前两次那样。
分离，是我们对天堂所知的一切，
也是我们对地狱所需的全部。

122 黄昏之歌

拉尼尔[1]

请你远望前面的沙滩，亲爱的爱人，
看看太阳如何与大海邂逅，
在大地的注目下，他俩久久相吻，
啊！我们，吻得更久，更久！

这会儿太阳已融化在海水的嫣红中，
就像埃及的珍珠溶解在琼浆里，
克莉奥帕特拉整夜畅饮。太阳已沉，
我的爱人，请把我的手握住。

出来吧，可爱的星星，安慰天上那颗心；
泛光吧，海波，照一照暗淡的沙地，
黑夜啊！请解除太阳和天空的姻缘，
我们的唇，我们的手，永不分离！

---

① 锡德尼·拉尼尔（Sidney Lanier，1842—1881），出生于佐治亚州的梅肯，就读于奥格尔索普大学。参加过内战，1867 年出版小说《卷丹》，描写他亲历过的那场战争。以后转向诗歌写作，1877 年出版《锡德尼·拉尼尔诗集》。他认为，诗歌与音乐是相通的，他要用音乐的节拍作为诗歌的韵律。同时他也是文学评论家，著有《莎士比亚与他的先驱》《英语诗歌的科学》等。

123　歌唱树和我的主人

拉尼尔

我的主人进入这片树林，
他已筋疲力尽，筋疲力尽。
我的主人来到这片树林，
他因爱而筋疲力尽，羞愧满心。
但橄榄树对他没有闭上眼睛，
灰白的小树叶对他很多情，
多刺的灌木对他很用心，
当他来到这片树林。

我的主人走出这片树林，
他感到十分如意称心。
我的主人走出这片树林，
他为死亡和羞辱而高兴。
当死亡和羞辱向他求婚，
它们把他拖出这片树林：
最后让他死在一棵树上，
当他走出这片树林。

124　艾尔莎·维德曼

马斯特斯①

我是来自德国的一个农家女，
碧眼，红润的脸，快活又健壮。
我一开始就在格林家做工。
夏季的一天，她出了家门，
他溜进厨房，把我紧紧
抱在怀里，吻我的脖子；
我扭头抵抗。我们似乎
谁也不知发生了什么事。
我为未知的未来而啼哭，
我哭啊哭，直到秘密开始显露。
一天，格林太太说她理解我，
要为我排忧解难，
他们无子女，可以将孩子收养。
（为求安静，他送给她一个农庄。）

---

① 爱德加·李·马斯特斯（Edgar Lee Masters，1868—1950），诗人，小说家。出生于堪萨斯州，做过律师。1898年出版诗集《诗编》。1915年出版《斯蓬河诗集》，一举成名。这部诗集用事主独白的形式描述埋葬在米德韦斯特公墓的200多位死者的生平行迹，语言直白、通俗、幽默。晚年的代表诗作有《走向深渊》《饥饿的岩石》等。著有小说《市场里的孩子》《芝加哥故事》等。有自传《跨过斯蓬河》。

从此她躲在家里，传话出去，
好像事情都发生在她身上。
一切顺利，孩子生下——他们对我很好。
后来我嫁给格斯·维德曼，许多年过去。
但是——政治集会时，汉密尔顿·格林夸夸其谈，
我身边的人却发现我在啼哭——
事情不是这样的。
不是的！我只想说：
那是我的儿子！
那是我的儿子！

125　鲁本·布莱特

罗宾逊[①]

他是个屠夫，凭这门手艺
他生活得踏实（干得确实不错），
我不想让你们胡乱猜疑，
觉得鲁本比你我更暴力。

有人对他说他的妻子没救了，
他望着他们摇头，悲伤又惶惑，
像个大男孩痛哭了大半夜，
害得旁观的女人也陪他哭泣。

妻子死后，他付清丧葬费，
吹鼓手、司事，人人拿到钱，
他怀着悲痛，整理好她的遗物，

---

① 埃德温·阿林顿·罗宾逊（Edwin Arlington Robinson，1869—1935），生于缅因州，1891 年就读于哈佛大学，两年后因父亲亡故而辍学。当过地铁建筑监工，利用业余时间写诗；1901 年后专事诗歌创作。诗集有《夜的孩子》《激流和昨夜》《河边小城》等。曾三次获普利策奖。罗宾逊的诗属于美国现代诗歌初创时期的作品，语言机智、幽默。

连同一些砍来的杉树枝，
一概锁进她的一只旧箱里，
随后便将屠宰房拆除。

126　新英格兰

罗宾逊

这里总吹着北风或东北风，
小孩迈着冻僵的脚蹒跚学步，
奇迹的创造总受人妒忌，
他们吵吵嚷嚷，张扬爱的激情，
宴席上听到的只有他们的声音，
连魔鬼也得求他们保持安静，
但他们我行我素，根本静不下来，
喝得微醉的那几位吵得最厉害。

热情在这里是智慧的污点，
我们听说，爱情是他们的十字架，
欢乐在她的编织处瑟瑟发抖，
天良一直坐在一把安乐椅里，
折磨得晕厥，依然欢天喜地，
她是第一只猫，被忧愁杀死。

127　金色的一天

邓巴[①]

我找到你，又失去你，
都在这灿烂的一天。
阳光照亮整个天宇，
五月的喜悦充满大地。

耳边传来神圣的旋律，
那是金色的鸟儿在唱；
我找到你，又失去你，
这世界为我而存亡。

我找到你，又失去你，
都在这灿烂的一日。
亲爱的，你我梦中再遇，
总在春情满溢的五月。

---

① 保罗·劳伦斯·邓巴（Paul Laurence Dunbar，1872—1906），非裔诗人，生于俄亥俄州的代顿，父母都是奴隶。1893年自费出版诗集《橡树和常春藤》；1895年出版《老老少少》，确立了他诗人的地位。邓巴的诗描写种植园的生活，表达了美国黑人的精神痛苦，富有幽默感。另外还创作过四部小说，描写美国的内战和黑人家庭的不幸遭遇。

128　少妇

威廉姆斯[①]

上午十时，穿睡衣的少妇
在她丈夫家的木板墙下
来回走动。
我独自驾车从那里经过。

她再次来到街上，
买冰块，买鱼，腼腆地站着，
胸衣敞开，伸手将凌乱的头发
理了一理，我觉得她就像
一片落叶。

当我向她点头，微笑着离开，
无声的车轮碾过枯叶，
发出沙沙的响声。

---

① 威廉·卡洛斯·威廉姆斯（William Carlos Williams，1883—1963），生于新泽西州，职业是儿科医生。后来结交庞德，两人成了朋友。早期的诗歌受庞德的影响，具有意象派的风格。但他自己标榜客观主义（objectism），提倡意象与意义的结合。诗集有《性情》《诗选集》《爱的旅行》《布鲁格尔的画》（获普利策奖）等。五卷本长诗《斐德森》诗文混杂，被认为是美国现代哲理诗的佳作。另著有小说《白骡》《在金钱中》等。

129　贵妇的肖像

威廉姆斯

你的大腿是苹果树，
那里开出的花碰到天空。
哪里的天空？即华托[①]
挂贵妇人拖鞋的那片天空。
你的膝盖是一阵南来的
微风——或者是一场雪。
啊啊！那弗拉戈纳尔[②]
是一个什么样的人呢？
——这样的回答好像
能解释一切。啊啊，不错——
在膝盖以下，音调
变低了，那是
白炽的夏季的一天，
你脚踝上高高的茅草
在海滩边摇曳——
哪里的海滩？
沙子粘在我的嘴唇上——

---

① 华托（1684—1721），法国画家，以画田园背景的贵妇形象著名。
② 弗拉戈纳尔（1732—1806），法国洛可可风格的画家。

哪里的海滩？

啊啊，也许是花瓣。

我怎么知道的？

哪里的海滩？哪里的海滩？

我说的是苹果树上的花瓣。

130　女孩

庞德[①]

这树已经长进我的手心，
树液已上升到我的手臂，
这树已生长在我心里 ——
往下伸展，
树枝从我身上冒出，像手臂一样。

你是树木，
你是青苔，
你是它们上面迎风的紫罗兰。
一个孩子 ——你长得这么高，
这真是人间的荒唐。

---

① 艾兹拉·庞德（Ezra Pound，1885—1972），意象派诗歌的创始人。毕业于宾夕法尼亚大学。长期从事编辑的工作。曾经提携过许多人的文学创作，其中包括艾略特、乔伊斯、泰戈尔、劳伦斯和弗罗斯特。二战期间在罗马电台宣传法西斯和纳粹德国。二战结束后面临叛国罪的指控。在各方友人的帮助下，他被诊断为“精神失常”，才免于审判。代表诗作有《休·赛尔温·莫伯利》《诗章》等。对汉诗有浓厚的兴趣，翻译过《诗经》和一些儒家典籍。

131　影子

庞德

为什么那位脸蛋长长的、说不清年纪的女人
沿着隆加里大街走着，无声地背诵斯文本？[①]
为什么穿着貌似白色的脏皮衣的稚童
在葡萄架下那条黑色的阴沟里爬行？
为什么萨克维大街那位绝色的美女向我走近，
但不因我显然衣着背时而停止不前？

① 斯文本，英国唯美主义诗人。

132　黑色的拖鞋：贝罗蒂

庞德

在我们对面的桌子旁，
她脱下一双小山羊皮拖鞋，
两只穿白袜子的脚
用餐巾垫着，小心翼翼地搁在地上，
她说：

“你们知道奥斯坦德吗？”

餐馆的另一端，一位意大利妇女咯咯笑着，
以某种傲慢的神态回答她，
而我则耐心地等待，
想看看那天青石如何塞回拖鞋。
她塞了回去，发出一声呻吟。

133 在地铁车站

庞德

人群中这一张张脸的幽灵；
湿漉漉的黑色枝头上朵朵花瓣。

134　花园

庞德

穿着节日的盛装。

——萨曼

像一团松散的丝吹到墙上，
在肯辛顿花园，
她沿着围栏行走，
她的情绪十分低落，
正一步步走向死亡。

她的周围有一群
污秽的、强健的、生命力顽强的穷孩子。
他们将继承这个世界。

她的生命已到尽头。
她已极度地、超常地厌倦，
她想跟什么人说说话，
几乎有点惶惶不安，
唯恐我会冒昧地与她交谈。

135　小谣曲

庞德

光配合着她的优雅，留驻在
状如人类的盲眼中，阴影里；
你瞧！这光已化为一支歌：

点点阳光化为头饰戴她头上，
我的那颗心已经归她来管。
白晃晃的树林没有鹿的踪迹。
多宁静的光！林间找不到蛛网。
她是那么的柔弱娇气，当太阳
清除起草叶上晶莹剔透的祖母绿，
她担心珠子太快消失，便悄然离去。

136　海伦

杜莉特尔[①]

整个希腊都憎恨
白脸蛋上那呆滞的双眼，
她站在那里，
光彩熠熠犹如橄榄，
还有那双白皙的手。

整个希腊都唾弃
微笑时她那张无血色的脸，
当这脸变得苍白，
他们会记起她过去的
妖冶和罪孽，
仇恨随之加深。

---

① 海尔达·杜莉特尔（Hilda Doolittle，1886—1961），出生于美国的宾夕法尼亚，1913 年嫁给英国诗人奥尔丁顿，从此居住在英国。她是早期的意象派成员，大学读书时就认识了庞德和威廉姆斯，并与庞德订过婚。1916 年出版第一部诗集《海中花园》。30 年代诗风发生变化，不再写意象派的诗。二战期间写出长诗《不倒的墙》。

希腊可以无动于衷，对这
上帝的女儿，这为爱而生的，
双脚冰凉的，双膝
无比纤弱的美人儿，
希腊可以真正爱上这位少女，
只要她躺下，化为白色的
灰烬，在阴森的柏树间。

137 回廊

兰塞姆[①]

——我是一个穿风衣的绅士，
始终想劝说你，但你的耳朵
又软又小，根本不听老人的忠言。
你只爱听年轻人的私语与叹息。
请看看格子架上奄奄一息的玫瑰，
听听那歌唱月亮的幽灵。
我必须早点得到可爱的姑娘，
我这穿风衣的绅士在企盼。

——我是个漂亮的年轻姑娘，
一直在等真正的情人，盼望与他亲吻。
但葡萄架下这个白发苍苍的老人多么怪僻，
他的话为何如此干巴而微弱，就像梦呓？
从格子架回来吧，先生，别让我叫出声！
我是个漂亮的姑娘，一直在等待。

---

① 约翰·克鲁·兰塞姆（John Crowe Ransom，1888—1974），出生于美国的田纳西州。早年参加过为农民争取地权的活动。1937年起任教于凯尼恩学院，直至退休。主要诗歌作品有《关于上帝的诗》《诗选》等。

138 我生来就是个不幸的女人

米雷[①]

我生来就是个不幸的女人，
我们总受观念约束，供人驱使，
你的亲友逼迫我，硬要我相信
你完美的人格，并要我用热情
去承受你的躯体对我的重压。
生活的滋味就如此五味杂陈，
一边纯净感情，一边麻木理智，
最后在鬼迷心窍中毁了自己。
我固执的热血反叛昏沉的大脑，
唉，这一切还是不说为妙。
我应该以爱待你，或者用怜悯
调和我的蔑视——说白了吧：
就因为我眼下神志不清，
我们没有理由再次见面。

① 爱德娜·米雷（Edna St. Vincent Millay，1892—1950），生于缅因州，在瓦瑟接受教育。她的诗无拘无束，充满玩世不恭的浪漫情调。文学史家称她为“放荡不羁的新女性”（a naughty New Woman）。诗集有《文艺复兴和其他的诗》《有刺的小玩意儿》等。

139　当生命到了尽头

肯明斯[①]

当生命到了尽头，
树叶子叹息：哎呀，
对于燕子，要做的事
还有许多，它此时
刚结束一次蓝天飞行；

当爱情的泪流下，
也许要再过
一百万年
（这期间，一只蜜蜂
在可爱的罂粟花上打盹儿；

如今一切已经做完，说完，
她的头

① 爱德华·艾斯特林·肯明斯（Edward Estlin Cummings，1894—1962），出生于马萨诸塞州的剑桥，在哈佛大学取得学士和硕士学位。硕士毕业后参加志愿军前往法国前线。1917年因莫须有的叛国罪被囚禁于法国集中营达数月之久。1922年出版第一部诗集《郁金香和烟囱》。而后又出版了《&》《Is5》《1×1》等诗集，从而奠定了自己别具一格的诗风。

躺在草地下

傍着橡树和玫瑰

沉思默想。)

140 致罗斯姨妈

金斯堡[1]

罗斯姨妈——现在——但愿我能见到你
那张枯瘦的脸和露出暴牙的笑和风湿病的
痛苦——以及那只又长又黑又重的鞋子
就为你瘦骨嶙峋的左腿
一瘸一拐走过纽瓦克铺有地毯的长廊
走过那台黑色的大钢琴
那间娱乐室
是聚会的场所
我用尖锐的高音（歇斯底里）
唱出西班牙共和派的歌[2]
委员会的成员都在听
你一瘸一拐在娱乐室里行走

---

① 艾伦·金斯堡（Allen Ginsberg，1926—1997），诗人。生于新泽西州，毕业于哥伦比亚大学。1956 年出版诗集《嚎叫》，一举成名。他被称为"垮掉的一代的代言人"（a voice of the Beat Generation）。出版商弗林费蒂因出版这部"淫秽的作品"，还受到过审判。金斯堡喜欢游历，到过古巴、印度、日本、中国、俄国，宣传他反权威、反主流文化的思想。另有诗集《祈祷及其他》《空镜子》《现实三明治》等。1973 年出版的诗集《美国的堕落》获国家图书奖。

② 西班牙内战发生于 1937—1939 年间，交战双方是共和派与佛朗哥的法西斯主义者。

一边收钱——
亲爱的姨妈，山姆大叔是一个口袋里藏着
一把布手枪的陌生人
亚伯拉罕·林肯旅团[①]中
一个高大年轻的秃头。

——你长长的脸带着忧伤
性挫折使你泪流满面
（何其压抑的抽泣和瘦削的臀部
掩埋在奥斯本·泰勒斯的枕头底下）
——有一回我赤身裸体站在马桶座圈上
你用卡洛明搽我的大腿
以消除我的皮疹——我那柔软的
令人羞耻的黑色卷须刚长出
当你知道我已经变为一个男人
你隐秘的内心不知怎么想——
我对一个无知的女孩所行的家丑叉开双腿

① 林肯旅团是美国支援西班牙反法西斯战争的志愿军。

立于盥洗室单薄的座垫上 ——纽瓦克博物馆。
罗斯姨妈
希特勒死了，希特勒已经在永恒之中；希特勒已经跟
帖木儿和艾米丽·勃朗特[①]在一起

我看见你还在行走，从奥斯本梯田出发的一个幽灵
沿着黑暗的长廊来到大门口
身子微微晃动脸上挤出笑容
身穿一件印花的
绸衣
迎接我那做诗人的父亲来纽瓦克做客
——看见你来到起居室
用你的跛足跳舞
拍手祝贺他的书
被莱佛莱特[②]所接受

① 帖木儿（1336—1405），帖木儿帝国的创建者；艾米丽·勃朗特（1818—1848），英国女作家，《呼啸山庄》的作者。

② 莱佛莱特，出版公司名。

希特勒死了，莱佛莱特倒闭了
《早年的阁楼》和《永恒的分分秒秒》已成绝版
哈莱叔叔卖掉了他最后一双丝袜
克莱从舞蹈学校辍学
老祖母像一尊起皱的雕像坐在
养老院对着新生的婴儿眨眼睛。

我最后一次见到你是在医院里
瘦骨嶙峋脸色苍白如一具骷髅
青筋暴起失去知觉的一个老女孩
戴着氧气面罩
西班牙的战争早就结束了
罗斯姨妈。

141 来自幸存者[1]

里奇[2]

我们之间有婚约，在那个年代
这样的婚约很普通。

我不知道我们当时怎样看待自己，
我们的性格
能否抵挡民族的缺失，
幸运或不幸，我们不知道
这个族群在秩序上存在这般的缺失。
我们以为自己与众不同，其实

跟别人一样，也在分享这缺失。

你的身体依然生动
一如以往：甚至更生动

① 里奇的丈夫自杀身亡，此诗作于她丈夫死后不久。

② 阿德瑞尼·里奇（Adrienne Rich，1929—2012），女诗人，出生于巴尔的摩。长期任教于东部各大学，积极参与社会活动，支持同性恋和女权主义。声称自己不愿与英美诗歌的“男性传统”同流合污。大学读书时就在奥顿的推荐下出版了诗集《世界的变迁》。另有诗集《钻石切割机》《潜入沉船》等。

因为我现在的感觉更加清晰：
我知道什么是你能做的，什么是不能做的。

这再不是
神的躯体，
或者说，对我的生命具有威力的一个躯体。

明年，是我们婚约的第二十个年头
你却白白地死了。
本来你可以跃过这个障碍，
我们谈过，但太迟了，
现在我活着，
但不再当它是一个障碍，
而是一场短暂而神奇运动的延续。

一切皆有可能。

142 隐喻[①]

普拉斯[②]

我是个谜语，有九个音节。
我是大象，一间笨瓦房，
我是瓜，凭两根须滚动。
噢，红瓢，象牙，优质木材！
这面包因发酵而膨胀。
大钱包中有新币收藏。
我是途径、过程和母牛。
我吃下一袋子青苹果，
乘坐的车，许上不许下。

---

① 此诗共9行，每行9音节，喻指“怀孕”（pregnancy），英语中这个词也正好有9个字母。

② 西尔维娅·普拉斯（Sylvia Plath，1932—1963），自白派女诗人，出生于马萨诸塞州，毕业于史密斯学院。在史密斯学院学习期间，曾因精神紧张企图自杀。后赴英国剑桥大学求学，结识英国诗人泰德·休斯，与之结婚。1962年，婚姻破裂，独自抚养两个孩子，同时狂热地投入诗歌创作。1963年，用煤气自杀身亡。诗集有《巨像》《爱丽尔》《冬天的树》《过河》等。普拉斯热衷于描写死亡和痛苦的主题，她的诗有“最长的自杀曲”之称。另著有自传体小说《钟形罩》。

143　十月的罂粟花

普拉斯

今日的朝霞也织不出这样的裙子，
救护车里的女人也无能为力，
她红艳艳的心透过外套，开放得令人震惊——

一件礼物，爱情的礼物，
完全没人请求，
便从天而降，

苍白地，火一般地，
被圆顶礼帽下呆滞的眼睛
点燃它的一氧化碳。

我的上帝啊，我究竟是何物，
居然能使这些迟来的嘴巴大呼小叫，
在凝霜的林中，在矢车菊开放的清晨？

144　对手[①]

普拉斯

如果月亮会笑，她一定像你。
你给人留下的印象也一样：
看上去很美，但导致毁灭。
你们都是了不起的借光者。
她圆圆的嘴巴哀悼这世界；而你无动于衷。

你天生的才能是将一切制造成石头。
我醒来，面对一座陵墓；你就在这里，
你用手指轻敲大理石桌子，寻找着香烟，
像女人那样心怀怨恨，但不会神经质，
至死也不说让人听得懂的话。

月亮也是那样蔑视她的臣民，
但在白天，她是荒谬可笑的。
这方面你有所不同，你的不满
总以爱的规范经投信口抵达这里，

① 写作此诗时，普拉斯与休斯的婚姻已经出现危机。

苍白而空洞，一氧化碳般扩散。
只要有你的消息，日子就不安宁，
此时你也许行走在非洲，但惦记着我。

145　郁金香

普拉斯

郁金香太容易激动，这里是冬天。
看，一切多么白净，多么安静，多么像一片雪地。
一个人静静地躺着，我得学会让自己保持心灵的安宁，
阳光落在白色的墙上，落在床上，落在我的手掌上。
我微不足道；没有理由大叫大喊。
我已经把我的名字和日用的衣物交给护士，
已经把我的历史交给麻醉师，身体交给医生。

他们把我的头放在枕头和被头之间，
就像眼珠子嵌进不能闭合的白色眼睑。
愚蠢的瞳孔，不得不接纳一切。
护士来回走动，他们并不令人讨厌，
他们戴着白帽，行走时就像着陆的海鸥，
他们用双手做事，动作一致，
因此很难说清究竟有多少人。

在他们看来，我的身体是一块卵石，他们抚慰它
就像水抚慰卵石，因为水得从上面轻轻流过，
他们用闪亮的针让我麻痹，使我睡着。

既然失去了自我，我厌恶那多余的东西——
那暂时专属于我的皮革箱像一个黑色的药盒，
我的丈夫和孩子在全家的合影里微笑；
这微笑扎进我的皮肤，变成了钩子。

我已经让货物滑落，一条航行了三十年的
小货船固执地挂着我的名字和地址。
它们已经为我抹去爱的种种联系。
光着身子，惊恐地躺在塑制的推车上，
我望见我的茶具、衣柜、书籍都在下沉，
从视野中消失，水从我的头颅流过。
我现在成了修女，变得无比的纯洁。

我不需要鲜花，只需要这样躺着，
手掌向上摊开，手上一无所有。
何等的自由啊，你无法想象这自由——
这安宁，巨大得足以让你晕眩，一无所求，
连一纸姓名标签、几件小玩意儿都不需要。
死人最后都这结局；我想象得到：

人们从此噤声，就像面对一块圣餐面包。

首先，郁金香太艳丽，它们伤害了我。
即便是折纸，我仍能听见郁金香轻微的呼吸，
透过白色的襁褓，像一个可怕的婴儿。
那股红在跟我的伤口说话，在传递信息。
狡猾的花啊：尽管我被压着，总觉得它们飘在空中，
以它们的快嘴和颜色搅扰我的安宁，
其中有几支还领着送葬者绕行在我身边。

我本无人围观，如今被人盯着看。
郁金香对着我，对着身后的窗户，
阳光每天一次在那里慢慢扩展，慢慢淡去，
我看见自己平卧着，模样可笑，一个剪纸的影
徘徊在太阳的眼睛和郁金香的眼睛之间，
我没有脸，想抹去自己。
鲜艳的郁金香吞食我的氧气。

它们到来以前，空气显得异常的安静，

来回自若，一阵一阵，一点也不凌乱。
这以后郁金香就将它挤压成一个喧哗的声音。
空气开始东拐西弯，像河水
围着一个下沉的破水泵横冲直撞。
它们聚集起我的注意力，自己不作为，
便能尽情玩耍、休息，真是幸福的事。

墙壁也好像正在为自己取暖。
郁金香本应该像危险的动物那样躲在栅栏背后；
它们正在开放，像张着嘴的非洲大猫，
我知道我的心：它一张一合开出
红彤彤的花冠完全出于对我的爱。
我尝到的水是温的，海水般的咸，
来自与健康一样遥远的国度。

书号	书名	定价	作者
9787544745048	哈姆雷特	22.00	(英国) 威廉·莎士比亚
9787544744560	奥赛罗	20.00	(英国) 威廉·莎士比亚
9787544744829	李尔王	22.80	(英国) 威廉·莎士比亚
9787544744812	麦克白	19.80	(英国) 威廉·莎士比亚
9787544745055	威尼斯商人	19.80	(英国) 威廉·莎士比亚
9787544745895	无事生非	20.00	(英国) 威廉·莎士比亚
9787544711104	仲夏夜之梦	22.80	(英国) 威廉·莎士比亚
9787544731386	第十二夜	21.80	(英国) 威廉·莎士比亚
9787544746618	罗密欧与朱丽叶	22.80	(英国) 威廉·莎士比亚
9787544726207	鲁滨孙漂流记	38.80	(英国) 丹尼尔·笛福
9787544726092	双城记	48.80	(英国) 查尔斯·狄更斯
9787544724661	雾都孤儿	49.80	(英国) 查尔斯·狄更斯
9787544723473	呼啸山庄	36.80	(英国) 艾米莉·勃朗特
9787544727655	简·爱	39.80	(英国) 夏洛蒂·勃朗特
9787544723220	傲慢与偏见	39.80	(英国) 简·奥斯汀
9787544738668	理智与情感	49.80	(英国) 简·奥斯汀
9787544752909	劝导	38.80	(英国) 简·奥斯汀
9787544755207	诺桑觉寺	34.80	(英国) 简·奥斯汀
9787544736114	夜莺与玫瑰	20.00	(英国) 奥斯卡·王尔德
9787544724852	道林·格雷的画像	32.80	(英国) 奥斯卡·王尔德
9787544754194	莎乐美	22.00	(英国) 奥斯卡·王尔德
9787544720748	动物庄园	18.00	(英国) 乔治·奥威尔
9787544720021	一九八四	29.80	(英国) 乔治·奥威尔
9787544713115	巴黎伦敦落魄记	29.80	(英国) 乔治·奥威尔
9787544750226	上来透口气	34.80	(英国) 乔治·奥威尔
9787544744799	恋爱中的女人	56.00	(英国) D. H. 劳伦斯
9787544724081	儿子与情人	49.80	(英国) D. H. 劳伦斯
9787544754682	美丽新世界	32.80	(英国) 奥尔德斯·赫胥黎

书号	书名	定价	作者
9787544756983	伍尔夫读书随笔	26.80	（英国）弗吉尼亚·伍尔夫
9787544731812	培根论说文集	28.00	（英国）弗朗西斯·培根
9787544755269	曼殊斐尔小说集	18.80	（英国）曼殊菲尔
9787544726115	格列佛游记	39.00	（英国）乔纳森·斯威夫特
9787544750455	小人物日记	20.00	（英国）乔治·格罗史密斯，威登·格罗史密斯
9787544759250	像爱丽丝的小镇	45.00	（英国）内维尔·舒特
9787544725125	勃朗宁夫人十四行诗	19.80	（英国）伊丽莎白·勃朗宁
9787544720267	泰戈尔诗选	20.00	（印度）泰戈尔
9787544723657	马克·吐温中短篇小说选	38.80	（美国）马克·吐温
9787544750660	汤姆·索亚历险记	34.80	（美国）马克·吐温
9787544751087	哈克贝利·费恩历险记	38.80	（美国）马克·吐温
9787544723213	欧·亨利中短篇小说选	36.80	（美国）欧·亨利
9787544723107	野性的呼唤	18.00	（美国）杰克·伦敦
9787544726122	海狼	39.00	（美国）杰克·伦敦
9787544726436	了不起的盖茨比	26.80	（美国）F. S. 菲茨杰拉德
9787544722568	红字	28.80	（美国）纳撒尼尔·霍桑
9787544738859	老人与海	22.00	（美国）欧内斯特·海明威
9787544733915	太阳照常升起	29.80	（美国）欧内斯特·海明威
9787544733380	永别了，武器	32.80	（美国）欧内斯特·海明威
9787544726627	爱伦·坡短篇小说选	37.80	（美国）爱伦·坡
9787544723206	嘉莉妹妹	42.80	（美国）西奥多·德莱塞
9787544724654	都柏林人	34.80	（爱尔兰）詹姆斯·乔伊斯
9787544759717	一个青年艺术家的画像	36.80	（爱尔兰）詹姆斯·乔伊斯
9787544745857	一个陌生女人的来信	38.00	（奥地利）斯蒂芬·茨威格
9787544758659	少年维特的烦恼	26.80	（德国）歌德
9787544720236	契诃夫中短篇小说选	29.80	（俄罗斯）安东·契诃夫
9787544728409	克雷洛夫寓言选	22.80	（俄罗斯）克雷洛夫
9787544760195	父与子	38.80	（俄罗斯）屠格涅夫
9787544746441	猎人笔记	46.00	（俄罗斯）屠格涅夫

书号	书名	定价	作者
9787544723015	白夜	28.80	(俄罗斯) 陀思妥耶夫斯基
9787544727761	红与黑	49.80	(法国) 司汤达
9787544723725	茶花女	29.80	(法国) 小仲马
9787544725156	莫泊桑中短篇小说选	36.80	(法国) 居伊·德·莫泊桑
9787544730129	最后一课——都德短篇小说选	23.80	(法国) 阿尔封斯·都德
9787544748254	窄门	21.80	(法国) 安德烈·纪德
9787544748223	田园交响曲	20.00	(法国) 安德烈·纪德
9787544748230	背德者	21.80	(法国) 安德烈·纪德
9787544722360	包法利夫人	36.80	(法国) 古斯塔夫·福楼拜
9787544720243	沉思录	26.80	(古罗马) 马可·奥勒留
9787544726429	里柯克幽默小品选	38.80	(加拿大) 斯蒂芬·里柯克
9787544752916	先知·沙与沫	29.80	(黎巴嫩) 纪伯伦
9787544758680	泪与笑	32.80	(黎巴嫩) 纪伯伦
9787544738392	走出非洲	38.80	(丹麦) 凯伦·布里克森
9787544743075	老残游记	32.80	(清) 刘鹗
9787544741439	浮生六记	25.00	(清) 沈复
9787544721028	假如给我三天光明	25.00	(美国) 海伦·凯勒
9787544720274	爱的教育	29.80	(意大利) 亚米契斯
9787544717793	安徒生童话	29.80	(丹麦) 安徒生
9787544723589	小王子	19.80	(法国) 圣埃克苏佩里
9787544761475	丛林故事	45.00	(英国) 吉卜林
9787544722827	原来如此	18.00	(英国) 吉卜林
9787544723794	爱丽丝漫游奇境记	28.80	(英国) 刘易斯·卡罗尔
9787544752923	彼得·潘	26.80	(英国) J. M. 巴里
9787544757973	鹅妈妈的故事	22.80	(法国) 沙尔·贝洛
9787544728164	小妇人	48.80	(美国) L. M. 奥尔科特
9787544752626	绿山墙的安妮	38.00	(加拿大) L. M. 蒙哥马利
9787544754910	小公主	28.80	(美国) 弗朗西斯·伯内特
9787544755184	秘密花园	36.80	(美国) 弗朗西斯·伯内特
9787544753821	黑骏马	32.80	(英国) 安娜·塞维尔

书号	书名	定价	作者
9787544753838	怪医杜立德	22.80	（美国）休·洛夫廷
9787544757720	小熊维尼	34.80	（英国）A. A. 米尔恩
9787544751919	小鹿斑比	26.80	（奥地利）F. 萨尔腾
9787544754217	柳林风声	29.80	（英国）肯尼斯·格雷厄姆
9787544754200	奥兹国历险记	26.80	（美国）莱曼·弗兰克·鲍姆
9787544754859	化身博士	19.80	（英国）罗伯特·史蒂文森
9787544725071	金银岛	28.80	（英国）罗伯特·史蒂文森
9787544727174	八十天环游地球	32.80	（法国）儒勒·凡尔纳
9787544733069	海底两万里	46.80	（法国）儒勒·凡尔纳
9787544734233	神秘岛	46.80	（法国）儒勒·凡尔纳
9787544754187	地心游记	36.80	（法国）儒勒·凡尔纳
9787544733649	时间机器	18.80	（英国）H. G. 威尔斯
9787544757430	失落的世界	35.80	（英国）阿瑟·柯南·道尔
9787544755658	007经典原著系列：金手指	36.80	（英国）伊恩·弗莱明
9787544733922	消失的地平线	25.00	（英国）詹姆斯·希尔顿
9787544723305	社会契约论	18.80	（法国）让－雅克·卢梭
9787544723299	忏悔录	25.80	（法国）让－雅克·卢梭
9787544757751	论人类不平等的起源和基础	22.80	（法国）让－雅克·卢梭
9787544725002	君主论	16.80	（意大利）马基雅弗利
9787544735414	富兰克林自传	32.00	（美国）本杰明·富兰克林
9787544720212	人性的弱点	29.80	（美国）戴尔·卡耐基
9787544721011	人性的优点	32.80	（美国）戴尔·卡耐基
9787544720250	致加西亚的信	16.00	（美国）埃尔伯特·哈伯德
9787544757102	我们时代的神经症人格	29.80	（美国）卡伦·霍妮
9787544754149	我们内心的冲突	28.80	（美国）卡伦·霍妮
9787544731348	菊与刀	26.00	（美国）露丝·本尼迪克特
9787544732239	中国人的气质	26.80	（美国）明恩溥
9787544757393	月亮与六便士	39.80	（英国）萨默塞特·毛姆
9787544754446	木偶奇遇记	26.80	（意大利）卡洛·科洛迪

图书在版编目（CIP）数据

永不凋谢的紫罗兰：英美爱情诗歌选：汉英对照 /（英）威廉 · 莎士比亚等著；陈才宇译 . —南京：译林出版社，2018.5

（双语译林 . 壹力文库）

ISBN 978-7-5447-7008-8

I. ①永 … II. ①威 … ②陈 … III. ①英语—汉语—对照读物 ②爱情诗—诗集—英国 ③爱情诗—诗集—美国 IV. ① H319.4 : I

中国版本图书馆 CIP 数据核字（2018）第 049123 号

永不凋谢的紫罗兰——英美爱情诗歌选

〔英国〕威廉 · 莎士比亚等 / 著 陈才宇 / 译

责任编辑 陆元昶
特约编辑 李 昕 吕庆芳
装帧设计 灵动视线
校 对 刘文硕
责任印制 贺 伟

出版发行 译林出版社
地 址 南京市湖南路 1 号 A 楼
邮 箱 yilin@yilin.com
网 址 www.yilin.com
市场热线 010-85376701
排 版 灵动视线
印 刷 三河市华润印刷有限公司
开 本 640 毫米 ×960 毫米 1/16
印 张 17
版 次 2018 年 5 月第 1 版 2018 年 5 月第 1 次印刷
书 号 ISBN 978-7-5447-7008-8
定 价 49.80 元

GREAT LOVE POEMS

William Shakespeare et al.

CONTENTS

1. Sister, Awake! 1

2. The Blind Eateth Many a Fly 2

3. The Bird Rondel 4

4. A Rondel of Merciless Beauty 5

5. Green Groweth the Holly 6

6. What Should I Say 8

7. The Appeal 10

8. The Soote Season 12

9. Sonnet 54 13

10. Sonnet 75 14

11. The Nymph's Reply to the Shepherd 15

12 . The Bargain 17

13. Of His Cynthia 18

14. Diaphenia 20

15. Love Is a Sickness.. 21

16. If This Be Love 22

17. The Passionate Shepherd to His Love 23

18. Spring 25

19. Hark! Hark! The Lark 26

20. Sonnet 18 27

21. Sonnet 129 28
22. Sonnet 154 29
23. There Is a Garden in Her Face 30
24. Thou Art Not Fair 31
25. Never Love Unless You Can 32
26. Spring 33
27. Weep No More 34
28. Song 35
29. The Good-Morrow 37
30. The Sun Rising 39
31. A Valediction: of Weeping 41
32. A Valediction: Forbidding Mourning 43
33. Song-To Celia 45
34. That Women Are But Men's Shadows 46
35. Simplex Munditiis 47
36. Matin Song 48
37. I Loved a Lass, a Fair One 49
38. To the Virgins, to Make Much of Time 52
39. Chop-Cherry 53
40. Song 54
41. To His Inconstant Mistress 56
42. Song 57
43. On His Deceased Wife 59
44. Why So Pale and Wan, Fond Lover? 60
45. To Lucasta, Going to the Wars 61

46. To Althea, from Prison 62
47. To His Coy Mistress 64
48. Farewell, Ungrateful Traitor 66
49. Return 68
50. False though She Be to Me and Love 69
51. To Mary 70
52. Bonie Doon 73
53. Of A' the Airts the Wind Can Blaw 75
54. Sweet Afton 76
55. A Red, Red Rose 78
56 John Anderson My Jo 79
57. The Sick Rose 80
58. The Garden of Love 81
59. The Solitary Reaper 82
60. She Dwelt among the Untrodden Ways 84
61. A Slumber Did My Spirit Seal 85
62. An Hour with Thee 86
63. The Torch of Love Dispels the Gloom 88
64. Freedom and Love 89
65. She Walks in Beauty 91
66. So We'll Go No More A-Roving 92
67. When We Two Parted 93
68. A Song 95
69. Love's Philosophy 96
70. To—— 97

71. First Love 98
72. To Mary: It Is the Evening Hour 100
73. When I Have Fears 101
74. Bright Star 102
75. Ruth 103
76. Say Over Again 105
77. How Do I Love Thee? Let Me Count the Ways 106
78. Come Not, When I Am Dead 107
79. The Splendor Falls 108
80. I Envy Not in Any Moods 109
81. Meeting at Night 110
82. Love 111
83. My Last Duchess-Ferrara 112
84. If Grief for Grief Can Touch Thee 115
85. Remembrance 116
86. Longing 118
87. Sudden Light 119
88. Song 120
89. Echo 121
90. A Birthday 122
91. Love Is Enough 123
92. Stage Love 124
93. Itylus 125
94. Requiescat 128
95. St. Valentine's Day 130

96. A Thunderstorm in Town 131
97. The Ruined Maid 132
98. A Broken Appointment 134
99. Oh, When I Was in Love with You 135
100. Along the Field as We Came By 136
101. White in the Moon the Long Road Lies 137
102. With Rue My Heart Is Laden 138
103. Leda and the Swan 139
104. Down by the Salley Gardens 140
105. When You Are Old 141
106. Never Give All the Heart 142
107. O Sweetheart, Hear You 143
108. As I Walked Out One Evening 144
109. Before the Birth of One of Her Childen 148
110. O, Fairest of the Rural Maids 150
111. Give All to Love 152
112. To Helen 155
113. Annabel Lee 156
114. The Raven 158
115. Love Equals Swift and Slow 167
116. Once I Pass'd Through a Populous City 168
117. Sometimes with One I Love 169
118. The Soul Selects Her Own Society 170
119. I Died for Beauty—..171
120. We Outgrow Love Like Other Things 172

121. My Life Closed Twice before Its Close 173
122. Evening Song 174
123. A Ballad of Trees and the Master 175
124. Elsa Wertman 176
125. Reuben Bright..178
126. New England 179
127. A Golden Day 180
128. The Young House Wife 181
129. Portrait of a Lady 182
130. A Girl 183
131. Simulacra 184
132. Black Slippers: Bellotti 185
133. In a Station of the Metro..186
134. The Garden 187
135. Ballatetta 188
136. Helen 189
137. Piazza Piece 190
138. I, Being Born a Woman and Distressed 191
139. When Life Is Quite Through With 192
140. To Aunt Rose 193
141. From a Survivor 196
142. Metaphor...198
143. Poppies in October 199
144. The Rival...200
145. Tulips 201

1. Sister, Awake!

—— Anonym

Sister, awake, close not your eyes!
The day her light discloses,
And the bright morning doth arise,
Out of her bed of roses.

See, the clear sun, the world's bright eye,
In at our window peeping,
Lo, how he blusheth to espy
Us idle wenches sleeping!

Therefore awake, make haste, I say,
And let us, without staying,
All in our gowns of green so gay
Into the Park a maying!

2. The Blind Eateth Many a Fly

—— Anonym

Look well about, ye that lovers be;
Let not your lustes lead you to dotage.
Be not enamored on all things that ye see—
Samson the fort and Solomon the sage,
Deceived were, for all their great corage.
Men deem it right, that they see with eye—
Beware, therefore: the blind eateth many a fly.

I mean, of women, for all their cheeres quaint,
Trust them not too much—their troth is but geason.
The fairest outward well can they paint;
Their steadfastness endureth but a season,
For they feign friendliness and worken treason.
And for they are changeable naturally,
Beware, therefore: the blind eateth many a fly.

What wight alive trusteth on their cheers,
Shall have at last his guerdon and his meed,
For women can shave nearer than razors or shears.
All is not gold that shineth—men, take heed.
Their gall is hid under a sugared weed.

It is full quaint their fantasy to espy.
Beware, therefore: the blind eateth many a fly.

Though all the world do its busy cure
To make women stand in stableness,
It will not be, it is against nature:
The world is done when they lack doubleness,
For they can laugh and love not—this is express.
To trust on them, it is but fantasy.
Beware, therefore: the blind eateth many a fly.

Women of kinde have conditions three:
The first is they be full of deceit;
To spin also is theire property;
And women have a wonderful conceit.
For they can weep oft, and all is a sleight,
And ever when they list, the tear is in the eye.
Beware, therefore:.the blind eateth many a fly.

In sooth to say, though all the earth so wan
Were parchment smooth, white, and scribable,
And the great sea that called is the ocean
Were turned into ink blacker than sable,
Every stick a pen, each man a scrivener able,
Not could they then write woman's treachery.
Beware, therefore: the blind eateth many a fly.

3. The Bird Rondel

—— Geoffrey Chaucer

Now welcome, summer, with thy sunshine soft,
This wintry weather thou wilt overtake,
And drive away the night so long and black!

Saint Valentine, thou who art crowned aloft,
The little birds are signing for thy sake:
Now welcome, summer, with thy sunshine soft,
This wintry weather thou wilt overtake.

They have good reason to be glad, and oft,
Since each has found his mate in bush and brake.
O blissful they sing when they awake:

Now welcome, summer, with thy sunshine soft,
This wintry weather thou wilt overtake,
And drive away the night so long and black!

4. A Rondel of Merciless Beauty

—— Geoffrey Chaucer

Your two great eyes will slay me suddenly;
Their beauty shakes me who was once serene;
Straight through my heart the wound is quick and keen.

Only your word will heal the injury
To my hurt heart, whiled yet the wound is clean—
Your two great eyes will slay me suddenly;
Their beauty shakes me who was once serene.

Upon my word, I tell you faithfully
Through life and after death you are my queen;
For with my death the whole truth shall be seen.
Your two great eyes will slay me suddenly;
Their beauty shakes me who was once serene;
Straight through my heart the wound is quick and keen.

5. Green Groweth the Holly

—— Henry VIII

Green groweth the holly,
So doth the ivy.
Though winter blasts blow never so high,
Green groweth the holly.

As the holly groweth green,
And never changeth hue,
So I am, ever hath been,
Unto my lady true.

As the holly groweth green
With ivy all alone
When flowers cannot be seen
And greenwood leaves be gone,

Now unto my lady,
Promise to her I make
From all other only
To her I me betake.

Adieu, mine owne lady,
Adieu, my speciall,
Who hath my heart truly,
Be sure, and ever shall.

6. What Should I Say

—— T. Wyatt

What should I say,
Since faith is dead,
And truth away
From you is fled?
Should I be led
With doubleness?
Nay, nay, mistress!

I promised you,
And you promised me,
To be as true
As I would be.
But since I see
Your double heart,
Farewell my part !

Though for to take
It is not my mind,
But to forsake,
I am not blind,

And as I find,
So will I trust.
Farewell, unjust!

Can ye say nay
But you said
That I always
Should be obeyed?
And thus betrayed
Or that I wist
Farewell, unkist!

7. The Appeal

—— T. Wyatt

And wilt thou leave me thus?
Say nay, say nay, for shame!
—To save thee from the blame
Of all my grief and grame.
And wilt thou leave me thus?
Say nay! say nay!

And wilt thou leave me thus,
That hath loved thee so long
In wealth and woe among?
And is thy heart so strong
As for to leave me thus?
Say nay! say nay!

And wilt thou leave me thus,
That hath given thee my heart
Never for to depart
Neither for pain nor smart:
And wilt thou leave me thus ?
Say nay! say nay!

And wilt thou leave me thus,
And have no more pity
Of him that loveth thee?
Alas, thy cruelty!
And wilt thou leave me thus?
Say nay! say nay!

8. The Soote Season

—— E. of Surrey

The soote season, that bud and bloom forth brings,
With green hath clad the hill and eke the vale;
The nightingale with feathers new she sings;
The turtle to her make hath told her tale.
Summer is come, for every spray now springs;
The hart hath hung his old head on the pale;
The buck in brake his winter coat he flings,
The fishes float with new repairéd scale;
The adder all her slough away she slings,
The swift swallow pursueth the flies small;
The busy bee her honey now she mings.
Winter is worn, that was the flowers' bale.
And thus I see among these pleasant things,
Each care decays, and yet my sorrow springs.

9. Sonnet 54

—— E. Spenser

Of this worlds Theatre in which we stay,
My love like the Spectátor ydly sits
Beholding me that all the pageants' play,
Disguysing diversly my troubled wits.
Sometimes I joy when glad occasion fits,
And mask in myrth lyke to a Comedy:
Soone after when my joy to sorrow flits,
I waile and make my woes a Tragedy.
Yet she, beholding me with constant eye,
Delights not in my merth nor rues' my smart:
But when I laugh she mocks, and when I cry
She laughes, and hardens evermore her hart.
What then can move her? if nor merth nor mone,
She is no woman, but a sencelesse stone.

10. Sonnet 75

—— E. Spenser

One day I wrote her name upon the strand,
But came the waves and washed it away:
Again I wrote it with a second hand,
But came the tide, and made my pains his prey.
"Vain man," said she, "that dost in vain assay
A mortal thing so to immortalize,
For I myself shall like to this decay,
And eke my name be wiped out likewise. "
"Not so," quod I, "let baser things devise
To die in dust, but you shall live by fame:
My verse your virtues rare shall eternize,
And in the heavens write your glorious name,
Where, whenas Death shall all the world subdue,
Our love shall live, and later life renew."

11. The Nymph's Reply to the Shepherd

—— W. Raleigh

If all the world and love were young,
And truth in every shepherd's tongue,
These pretty pleasures might me move
To live with thee and be thy love.

Time drives the flocks from field to fold,
When rivers rage and rocks grow cold,
And *Philomel* becometh dumb;
The rest complains of cares to come.

The flowers do fade, and wanton fields
To wayward winter reckoning yields;
A honey tongue, a heart of gall,
Is fancy's spring, but sorrow's fall.

Thy gowns, thy shoes, thy beds of roses,
Thy cap, thy kirtle, and thy posies
Soon break, soon wither, soon forgotten:
In folly ripe, in reason rotten.

Thy belt of straw and ivy buds,
Thy coral clasps and amber studs,
All these in me no means can move
To come to thee and be thy love.

But could youth last and love still breed,
Had joys no date nor age no need,
Then these delights my mind might move
To live with thee and be thy love.

12 . The Bargain

—— Sir P. Sidney

My true love hath my heart, and I have his,
By just exchange one for another given;
I hold his dear, and mine he cannot miss,
There never was a better bargain driven:
My true love hath my heart, and I have his.

His heart in me keeps him and me in one,
My heart in him his thoughts and senses guides;
He loves my heart, for once it was his own,
I cherish his because in me it bides:
My true love hath my heart, and I have his.

13. Of His Cynthia

—— F. Greville

Away with these self-loving lads,
Whom Cupid's arrow never glads.
Away, poor souls that sigh and weep,
In love of them that lie and sleep;
For Cupid is a meadow god,
And forceth none to kiss the rod.

God Cupid's shaft, like destiny,
Doth either good or ill decree;
Desert is born out of his bow,
Reward upon his feet doth go.
What fools are they that have not known
That love likes no laws but his own?

My songs they be of Cynthia's praise,
I wear her rings on holy-days,
On every tree I write her name,
And every day I read the same.
Where Honor Cupid's rival is,
There miracles are seen of his.

If Cynthia crave her ring of me,
I blot her name out of the tree.
If doubt do darken things held clear,
Then well fare nothing once a year.
For many run, but one must win;
Fools only hedge the cuckoo in.

The worth that worthiness should move
Is lore, which is the due of love.
And love as well the sllepherd can
As can the mighty nobleman.
Sweet nymph, ’tis true you worthy be,
Yet without love, nought worth to me.

14. Diaphenia

—— H. Constable

Diaphenia like the daffadowndilly,
White as the sun, fair as the lily,
Heigh ho, how I do love thee!
I do love thee as my lambs
Are beloved of their dams;
How blest were I if thou wouldst prove me.

Diaphenia like the spreading roses,
That in thy sweets all sweets encloses,
Fair sweet, how I do love thee!
I do love thee as each flower
Loves the sun's life-giving power;
For dead, thy breath to life might move me.

Diaphenia like to all things blessed
When all thy praises are expressed,
Dear joy, how I do love thee!
As the birds do love the spring,
Or the bees their careful king:
Then in requite, sweet virgin, love me!

15. Love Is a Sickness

—— S. Daniel

Love is a sickness full of woes,
All remedies refusing,
A plant that with most cutting grows,
Most barren with best using.
Why so?
More we enjoy it, more it dies,
If not enjoyed it sighing cries,
Hey ho.

Love is a torment of the mind,
A tempest everlasting,
And Jove hath made it of a kind
Not well, nor full, nor fasting.
Why so?
More we enjoy it, more it dies,
If not enjoyed it sighing cries,
Hey ho.

16. If This Be Love

—— S. Daniel

If this be love, to draw a weary breath,
To paint on floods till the shore cry to th'air,
With downward looks, still reading on the earth
The sad memorials of my love's despair;
If this be love, to war against my soul,
Lie down to wail, rise up to sigh and grieve,
The never-resting stone of care to roll,
Still to complain my griefs whilst none relieve;
If this be love, to clothe me with dark thoughts,
Haunting untrodden paths to wail apart;
My pleasures horror, music tragic notes,
Tears in mine eyes and sorrow at my heart.
If this be love, to live a living death,
Then do I love and draw this weary breath.

17. The Passionate Shepherd to His Love

—— C. Marlowe

Come live with me and be my love,
And we will all the pleasures prove,
That valleys, groves, hills, and fields,
Woods, or steepy mountain yields.

And we will sit upon the rocks,
Seeing the shepherds feed their flocks,
By shallow rivers to whose falls
Melodious birds sing madrigals.

And I will make thee beds of roses
And a thousand fragrant posies,
A cap of flowers, and a kirtle
Embroidered all with leaves of myrtle;

A gown made of the finest wool
Which from our pretty lambs we pull;
Fair lined slippers for the cold,
With buckles of the purest gold;

A belt of straw and ivy buds,
With coral clasps and amber studs:
And if these pleasures may thee move,
Come live with me, and be my love.

The shepherds' swains shall dance and sing
For thy delight each May morning:
If these delights thy mind may move,
Then live with me and be my love.

18. Spring

—— W. Shakespeare

When daisies pied and violets blue
And ladysmocks all silver-white
And cuckoobuds of yellow hue
Do paint the meadows with delight,
The cuckoo then, on every tree,
Mocks married men; for thus sings he,
Cuckoo;
Cuckoo, cuckoo: Oh word of fear,
Unpleasing to a married ear!

When shepherds pipe on oaten straws,
And merry larks are plowmen's clocks,
When turtles tread, and rooks, and daws,
And maidens bleach their summer smocks,
The cuckoo then, on every tree,
Mocks married men; for thus sings he,
Cuckoo;
Cuckoo, cuckoo: Oh word of fear,
Unpleasing to a married ear!

19. Hark! Hark! The Lark

—— W. Shakespeare

Hark, hark! The lark at heaven's gate sings,
And Phoebus 'gins arise,
His steeds to water at those springs.
On chaliced flowers that lies;
And winking Mary-buds begin.
To ope their golden eyes:
With every thing that pretty is,
My lady sweet, arise:
Arise, arise!

20. Sonnet 18

—— W. Shakespeare

Shall I compare thee to a summer's day?
Thou art more lovely and more temperate:
Rough winds do shake the darling buds of May,
And summer's lease hath all too short a date:
Sometimes too hot the eye of heaven shines,
And often is his gold complexion dimm'd;
And every fair from fair sometime decline,
By chance, or nature's changing course untrimm'd;
But thy eternal summer shall not fade,
Nor lose possession of that fair thou ow'st;
Nor shall Death brag thou wander'st in his shade,
When in eternal lines to time thou grow'st;
So long as men can breathe, or eyes can see,
So long lives this, and this gives life to thee.

21. Sonnet 129

—— W. Shakespeare

The expense of spirit in a waste of shame
Is lust in action; and till action, lust
Is perjured, murderous, bloody, full of blame,
Savage, extreme, rude, cruel, not to trust;
Enjoyed no sooner but despised straight;
Past reason hunted, and no sooner had,
Past reason hated, as a swallowed bait,
On purpose laid to make the taker mad:
Mad in pursuit, and in possession so;
Had, having, and in quest to have, extreme;
A bliss in proof and proved, a very woe;
Before, a joy proposed; behind, a dream.
All this the world well knows; yet none knows well
To shun the heaven that leads men to this hell.

22. Sonnet 154

—— W. Shakespeare

The little Love-god lying once asleep
Laid by his side his heart-inflaming brand,
Whilst many nymphs that vowed chaste life to keep
Came tripping by; but in her maiden hand
The fairest votary took up that fire
Which many legions of true hearts had warmed;
And so the general of hot desire
Was sleeping, by a virgin hand disarmed.
This brand she quenched in a cool well by,
Which from Love's fire took heat perpetual,
Growing a bath and healthful remedy
For men diseased; but I, my mistress' thrall.
Came there for cure, and this by that I prove,
Love's fire heats water, water cools not love.

23. There Is a Garden in Her Face

—— T. Campion

There is a garden in her face,
Where roses and white lilies grow,
A heavenly paradise is that place,
Wherein all pleasant fruits do flow.
There cherries grow, which none may buy
Till "Cherry ripe!" themselves do cry.

Those cherries fairly do enclose
Of orient pearl a double row,
Which when her lovely laughter shows,
They look like rosebuds filled with snow.
Yet them nor peer nor prince can buy,
Till "Cherry ripe!" themselves do cry.

Her eyes like angels watch them still;
Her brows like bended bows do stand,
Threatening with piercing frowns to kill
All that attempt with eye or hand
Those sacred cherries to come nigh,
Till "Cherry ripe!" themselves do cry.

24. Thou Art Not Fair

—— T. Campion

Thou art not fair, for all thy red and white,
For all those rosy ornaments in thee;
Thou art not sweet, though made of mere delight,
Not fair nor sweet, unless thou pity me.
I will not soothe thy fancies: thou shalt prove
That beauty is no beauty without love.

Yet love not me, nor seek thou to allure
My thoughts with beauty, were it more divine:
Thy smiles and kisses I cannot endure,
I'll not be wrapt up in those arms of thine:
Now show it, if thou be a woman right,
Embrace, and kiss, and love me, in despite!

25. Never Love Unless You Can

—— T. Campion

Never love unless you can
Bear with all the faults of man;
Men sometimes will jealous be,
Though but little cause they see,
And hang the head, as discontent,
And speak what straight they will repent.

Men that but one saint adore
Make a show of love to more;
Beauty must be scorned in none,
Though but truly served in one;
For what is courtship but disguise?
True hearts may have dissembling eyes.

Men when their affairs require
Must a while themselves retire,
Sometimes hunt, and sometimes hawk,
And not ever sit and talk.
If these and such like you can bear,
Then like, and love, and never fear.

26. Spring

—— T. Nashe

Spring, the sweet Spring, is the year's pleasant king.
Then blooms each thing, then maids dance in a ring.
Cold does not sting, the pretty birds do sing:
Cuckoo, jug—jug, pu—we, to—witta—woo!

The palm and may make country houses gay,
Lambs frisk and play, the shepherds pipe all day.
And we hear ay birds tune this merry lay:
Cuckoo, jug—jug, pu—we, to—witta—woo!

The fields breathe sweet, the daisies kiss our feet,
Young lovers meet, old wives a-sunning sit,
In every street these tunes our ear do greet:
Cuckoo, jug—jug, pu—we, to—witta—woo!
Spring! The sweet Spring!

27. Weep No More

—— J. Fletcher

Weep no more, nor sigh, nor groan,
Sorrow calls no time that's gone:
Violets pluck'd, the sweetest rain
Makes not fresh nor grow again.
Trim thy locks, look cheerfully;
Fate's hid ends eyes cannot see.
Joys as winged dreams fly fast,
Why should sadness longer last?
Grief is but a wound to woe;
Gentlest fair, mourn, mourn no more.

28. Song

—— John Donne

Go and catch a falling star,
Get with child a mandrake root,
Tell me where all past years are,
Or who cleft the Devil's foot.
Teach me to hear mermaids singing,
Or to keep off envy's stinging,
And find
What wind
Serves to advance an honest mind.

If thou be'st born to strange sights,
Things invisible to see,
Ride ten thousand days and nights,
Till age snow white hairs on thee,
Thou, When thou return'st, wilt tell me
All strange wonders that befell thee,
And swear
No where
Lives a woman true, and fair.

If thou find'st one, let me know,
Such a pilgrimage were sweet;
Yet do not, I would not go,
Though at next door we might meet;
Though she were true when you met her,
And last till you write your letter,
Yet she
Will be
False, ere I come, to two, or three.

29. The Good-Morrow

—— John Donne

I wonder by my troth what thou, and I
Did, till we loved? Were we not weaned till then,
But sucked on country pleasures, childishly?
Or snorted we in the seven sleepers' den?
'Twas so; but this, all pleasures fancies be.
If ever any beauty I did see,
Which I desired and got, 'twas but a dream of thee.

And now good-morrow to our waking souls,
Which watch not one another out of fear;
For love all love of other sights controls
And makes one little room an everywhere.
Let sea-discoverers to new worlds have gone,
Let maps to others, worlds on worlds have shown:
Let us possess one world; each hath one, and is one.

My face in thine eye, thine in mine appears,
And true plain hearts do in the faces rest;
Where can we find two better hemispheres,
Without sharp North, without declining West?

Whatever dies was not mixed equally;
If our two loves be one, or, thou and I
Love so alike that none do slacken, none can die.

30. The Sun Rising

—— John Donne

Busy old fool, unruly Sun,
Why dost thou thus,
Through windows, and through curtains call on us?
Must to thy motions lovers' seasons run?
Saucy pedantic wretch, go chide
Late school-boys, and sour' prentices,
Go tell court-huntsmen that the King will ride,
Call country ants to harvest offices;
Love, all alike, no season knows, nor clime,
Nor hours, days, months, which are the rags of time.

Thy beams, so reverend, and strong
Why shouldst thou think?
I could eclipse and cloud them with a wink,
But that I would not lose her sight so long:
If her eyes have not blinded thine,
Look, and tomorrow late, tell me,
Whether both the Indias of spice and mine.
Be where thou left'st them, or lie here with me.
Ask for those kings whom thou saw'st yesterday,

And thou shalt hear, “All here in one bed lay.”

She is all States, and all Princes, I;
Nothing else is.
Princes do but play us; compar’d to this,
All honour’s mimic; all wealth alchemy.
Thou Sun art half as happy as we,
In that the world’s contracted thus;
Thine age asks ease, and since thy duties be
To warm the world, that’s done in warming us.
Shine here to us, and thou art every where;
This bed thy centre is, these walls, thy sphere.

31. A Valediction: of Weeping

—— John Donne

Let me pour forth
My tears before thy face whilst I stay here,
For thy face coins them, and thy stamp they bear,
And by this mintage they are something worth,
For thus they be
Pregnant of thee;
Fruits of much grief they are, emblems of more;
When a tear falls, that Thou falls which it bore,
So thou and I are nothing then, when on a diverse shore.

On a round ball
A workman that hath copies by, can lay
An Europe, Afric, and an Asia,
And quickly make that, which was nothing, all,
So doth each tear
Which thee doth wear,
A globe, yea world, by that impression grow,
Till thy tears mixed with mine do overflow
This world; by waters sent from thee, my heaven dissolvéd so.

O more than moon,
Draw not up seas to drown me in thy sphere;
Weep me not dead, in thine arms, but forbear
To teach the sea what it may do too soon.
Let not the wind
Example find
To do me more harm than it purposeth;
Since thou and I sigh one another's breath,
Whoe'er sighs most is cruelest, and hastes the other's death.

32. A Valediction: Forbidding Mourning

—— John Donne

As virtuous men pass mildly away,
And whisper to their souls to go,
Whilst some of their friends do say
The breath goes now, and some say, No;

So let us melt, and make no noise,
No tear-floods, nor sigh-tempests move,
'Twere profanation of our joys
To tell the laity our love.

Moving of th' earth brings harm and fears,
Men reckon what it did and meant;
But trepidation of the spheres,
Though greater far, is innocent.

Dull sublunary lovers' love
(Whose soul is sense) cannot admit
Absence, because it doth remove
Those things which elemented it.

But we, by a love so much refined
That our selves know not what it is,
Inter-assurèd of the mind,
Care less, eyes, lips, and hand to miss.

Our two souls therefore, which are one,
Though I must go, endure not yet
A breach, but an expansion,
Like gold to airy thinness beat.

If they be two, they are two so
As stiff twin compasses are two;
Thy soul, the fixed foot, makes no show
To move, but does, if th' other do.

And though it the center sit,
Yet when the other far doth roam,
It leans and hearkens after it,
And grow erect, as that comes home.

Such wilt thou be to me, Who must
Like th' other foot, obliquely run;
Thy firmness makes my circle just,
And makes me end where I begun.

33. Song-To Celia

—— B. Jonson

Drink to me only with thine eyes,
And I will pledge with mine;
Or leave a kiss but in the cup,
And I'll not look for wine.
The thirst that from the soul doth rise,
Doth ask a drink divine;
But might I of Jove's nectar sup,
I would not change for thine.

I sent thee late a rosy wreath,
Not so much honouring thee,
As giving it a hope, that there
It could not withered be;
But thou thereon didst only breathe,
And sent'st it back to me;
Since when it grows, and smells, I swear,
Not of itself, but thee.

34. That Women Are But Men's Shadows

—— B. Jonson

Follow a shadow, it still flies you;
Seem to fly it, it will pursue:
So court a mistress, she denies you;
Let her alone, she will court you.
Say, are not women truly, then,
Styled but the shadows of us men?
At morn and even shades are longest;
At noon they are or short or none:
So men at weakest, they are strongest,
But grant us perfect, they're not known.
Say, are not women truly, then,
Styled but the shadows of us men?

35. Simplex Munditiis

—— B. Jonson

Still to be neat, still to be dressed
As you were going to a feast;
Still to be powdered, still perfumed:
Lady, it is to be presumed,
Though art's hid causes are not found,
All is not sweet, all is not sound.

Give me a look, give me a face,
That makes simplicity a grace;
Robes loosely flowing, hair as free:
Such sweet neglect more taketh me
Than all the adulteries of art;
They strike mine eyes, but not my heart.

36. Matin Song

—— T. Heywood

Pack, clouds, away! and welcome, day!
With night we banish sorrow.
Sweet air, blow soft; mount, lark, aloft
To give my Love good-morrow!
Wings from the wind to please her mind,
Notes from the lark I'll borrow;
Bird, prune thy wing! nightingale, sing!
To give my Love good-morrow!
To give my Love good-morrow
Notes from them all I'll borrow.

Wake from thy nest, robin red-breast!
Sing, birds, in every furrow!
And from each bill let music shrill
Give my fair Love good-morrow!
Blackbird and thrush in every bush,
Stare, linnet, and cocksparrow,
You pretty elves, among yourselves
Sing my fair Love good-morrow!
To give my Love good-morrow!
Sing, birds, in every furrow!

37. I Loved a Lass, a Fair One

—— G. Wither

I loved a lass, a fair one,
As fair as e'er was seen;
She was indeed a rare one,
Another Sheba Queen:
But, fool as then I was,
I thought she loved me too:
But now, alas! she's left me,
Falero, lero, loo!

Her hair like gold did glister,
Each eye was like a star,
She did surpass her sister,
Which pass'd all others far;
She would me honey call,
She'd—O she'd kiss me too!
But now, alas! she's left me,
Falero, lero, loo!

Many a merry meeting
My love and I have had;

She was my only sweeting,
She made my heart full glad;
The tears stood in her eyes
Like to the morning dew:
But now, alas! she's left me,
Falero, lero, loo!

Her cheeks were like the cherry,
Her skin was white as snow;
When she was blithe and merry
She angel-like did show;
Her waist exceeding small,
The fives did fit her shoe:
But now, alas! she's left me,
Falero, lero, loo!

In summer time or winter
She had her heart's desire;
I still did scorn to stint her
From sugar sack, or fire;
The world went round about,
No cares we ever knew:
But now, alas! she's left me,
Falero, lero, loo!

To maidens' vows and swearing
Henceforth no credit give;
You may give them the hearing
But never them believe;
They are as false as fair,
Unconstant, frail, untrue:
For mine, alas! hath left me,
Falero, lero, loo!

38. To the Virgins, to Make Much of Time

—— R. Herrick

Gather ye rosebuds while ye may,
Old Time is still a-flying:
And this same flower that smiles to-day
To-morrow will be dying.

The glorious lamp of heaven, the sun,
The higher he's a-getting,
The sooner will his race be run,
And nearer he's to setting.

That age is best which is the first,
When youth and blood are warmer;
But being spent, the worse, and worst
Times still succeed the former.

Then be not coy, but use your time,
And while ye may, go marry:
For having lost but once your prime,
You may for ever tarry.

39. Chop-Cherry

—— R. Herrick

Thou gav'st me leave to kiss,
Thou gav'st me leave to woo;
Thou mad'st me think, by this
And that, thou lov'st me too.

But I shall nr'er forget
How, for to make thee merry
Thou mad'st me chop, but yet
Another snapp'd the cherry.

40. Song

—— T. Carew

Ask me no more where Jove bestows,
When June is past, the fading rose;
For in your beauty's orient deep
These flowers, as in their causes, sleep.

Ask me no more whither do stray
The golden atoms of the day;
For in pure love heaven did prepare
Those powders to enrich your hair.

Ask me no more whither doth haste
The nightingale when May is past;
For in your sweet dividing throat
She winters and keeps warm her note.

Ask me no more where those stars' light.
That downwards fall in dead of night;
For in your eyes they sit, and there
Fixed become as in their sphere.

Ask me no more if east or west
The Phoenix builds her spicy nest;
For unto you at last she flies,
And in your fragrant bosom dies.

41. To His Inconstant Mistress

—— T. Carew

When thou, poor Excommunicate
From all the joys of Love, shalt see
The full reward and glorious fate
Which my strong faith shall purchase me,
Then curse thine own inconstancy!

A fairer hand than thine shall cure
That heart which thy false oaths did wound;
And to my soul a soul more pure
Than thine shall by Love's hand be bound,
And both with equal glory crown'd.

Then shalt thou weep, entreat, complain
To Love, as I did once to thee;
When all thy tears shall be as vain
As mine were then: for thou shalt be
Damn'd for thy false apostasy.

42. Song

—— E. Waller

Go, lovely Rose—
Tell her that wastes her time and me,
That now she knows,
When I resemble her to thee,
How sweet and fair she seems to be.

Tell her that's young,
And shuns to have her graces spied,
That hadst thou sprung
In deserts where no men abide,
Thou must have uncommended died.

Small is the worth
Of beauty from the light retired:
Bid her come forth,
Suffer herself to be desired,
And not blush so to be admired.

Then die—that she
The common fate of all things rare

May read in thee;

How small a part of time they share

That are so wondrous sweet and fair!

43. On His Deceased Wife

—— John Milton

Methought I saw my late espoused Saint
Brought to me like Alcestis from the grave,
Whom Jove's great Son to her glad Husband gave,
Rescu'd from death by force though pale and faint.
Mine as whom washt from spot of child-bed taint,
Purification in the old Law did save,
And such, as yet once more I trust to have
Full sight of her in Heaven without restraint,
Came vested all in white, pure as her mind:
Her face was vail'd, yet to my fancied sight,
Love, sweetness, goodness, in her person shin'd
So clear, as in no face with more delight.
But O as to embrace me she enclin'd
I wak'd, she fled, and day brought back my night.

44. Why So Pale and Wan, Fond Lover?

—— Sir J. Suckling

Why so pale and wan, fond lover?
Prithee, why so pale?
Will, when looking well can't move her,
Looking ill prevail?
Prithee, why so pale?

Why so dull and mute, young sinner?
Prithee, why so mute?
Will, when speaking well can't win her,
Saying nothing do't?
Prithee, why so mute?

Quit, quit for shame! This will not move;
This cannot take her.
If of herself she will not love,
Nothing can make her:
The devil take her!

45. To Lucasta, Going to the Wars

—— R. Lovelace

Tell me not, Sweet, I am unkind,
That from the nunnery
Of thy chaste breast and quiet mind
To war and arms I fly.

True, a new mistress now I chase,
The first foe in the field;
And with a stronger faith embrace
A sword, a horse, a shield.

Yet this inconstancy is such
As thou too shalt adore;
I could not love thee, Dear, so much,
Loved I not Honour more.

46. To Althea, from Prison

—— R. Lovelace

When Love with unconfined wings
Hovers within my gates,
And my divine Althea brings
To whisper at the grates;
When I lie tangled in her hair
And fetter'd to her eye,
The birds that wanton in the air
Know no such liberty.

When flowing cups run swiftly round
With no allaying Thames,
Our careless heads with roses bound,
Our hearts with loyal flames;
When thirsty grief in wine we steep,
When healths and draughts go free—
Fishes that tipple in the deep
Know no such liberty.

When, like committed linnets, I
With shriller throat shall sing

The sweetness, mercy, majesty,
And glories of my King;
When I shall voice aloud how good
He is, how great should be,
Enlarged winds, that curl the flood,
Know no such liberty.

Stone walls do not a prison make,
Nor iron bars a cage:
Minds innocent and quiet take
That for an hermitage.
If I have freedom in my love,
And in my soul am free,
Angels alone, that soar above,
Enjoy such liberty.

47. To His Coy Mistress

—— A. Marvell

Had we but world enough, and time,
This coyness, Lady, were no crime.
We would sit down and think which way
To walk and pass our long love's day.
Thou by the Indian Ganges' side
Shouldst rubies find: I by the tide
Of Humber would complain. I would
Love you ten years before the Flood,
And you should, if you please, refuse
Till the conversion of the Jews.
My vegetable love should grow
Vaster than empires, and more slow;
An hundred years should go to praise
Thine eyes and on thy forehead gaze;
Two hundred to adore each breast;
But thirty thousand to the rest;
An age at least to every part,
And the last age should show your heart;
For, Lady, you deserve this state,
Nor would I love at lower rate.
But at my back I always hear

Time's winged chariot hurrying near;
And yonder all before us lie
Deserts of vast eternity.
Thy beauty shall no more be found,
Nor, in thy marble vault, shall sound
My echoing song: then worms shall try
That long preserved virginity,
And your quaint honour turn to dust,
And into ashes all my lust:
The grave's a fine and private place,
But none, I think, do there embrace.
Now thercforc, whilc thc youthful huc
Sits on thy skin like morning dew,
And while thy willing soul transpires
At every pore with instant fires,
Now let us sport us while we may,
And now, like amorous birds of prey,
Rather at once our time devour
Than languish in his slow-chapped power.
Let us roll all our strength and all
Our sweetness up into one ball,
And tear our pleasures with rough strife
Thorough the iron gates of life:
Thus, though we cannot make our sun
Stand still, yet we will make him run.

48. Farewell, Ungrateful Traitor

—— J. Dryden

Farewell, ungrateful traitor!
Farewell, my perjur'd swain!
Let never injur'd creature
Believe a man again.
The pleasure of possessing
Surpasses all expressing,
But't is too short a blessing,
And love too long a pain.

'T is easy to deceive us,
In pity of your pain;
But when we love, you leave us
To rail at you in vain.
Before we have descried it,
There is no bliss beside it;
But she that once has tried it,
Will never love again.

The passion you pretended,
Was only to obtain;

But when the charm is ended,
The charmer you disdain.
Your love by ours we measure,
Till we have lost our treasure;
But dying is a pleasure,
When living is a pain.

49. Return

—— J. Wilmot

Absent from thee, I languish still;
Then ask me not, when I return?
The straying fool 'twill plainly kill
To wish all day, all night to mourn.

Dear, from thine arms then let me fly,
That my fantastic mind may prove
The torments it deserves to try,
That tears my fix'd heart from my love.

When, wearied with a world of woe,
To thy safe bosom I retire,
Where love, and peace, and truth does flow,
May I contented there expire!

Lest, once more wandering from that heaven,
I fall on some base heart unblest;
Faithless to thee, false, unforgiven—
And lose my everlasting rest.

50. False though She Be to Me and Love

—— W. Congreve

False though she be to me and love,
I'll ne'er pursue revenge;
For still the charmet I approve,
Though I deplore her change.

In hours of bliss we oft have met;
They could not always last;
And though the present I regret,
I'm grateful for the past.

51. To Mary

—— W. Cowper

The twentieth year is well-nigh past,
Since first our sky was overcast;
Ah would that this might be the last!
My Mary!

Thy spirits have a fainter flow,
I see thee daily weaker grow—
'Twas my distress that brought thee low,
My Mary!

Thy needles, once a shining store,
For my sake restless heretofore,
Now rust disus'd, and shine no more,
My Mary!

For though thou gladly wouldst fulfil
The same kind office for me still,
Thy sight now seconds not thy will,
My Mary!

But well thou play'dst the housewife's part,
And all thy threads with magic art
Have wound themselves about this heart,
My Mary!

Thy indistinct expressions seem
Like language utter'd in a dream;
Yet me they charm, whate'er the theme,
My Mary!

Thy silver locks, once auburn bright,
Are still more lovely in my sight
Than golden beams of orient light,
My Mary!

For could I view nor them nor thee,
What sight worth seeing could I see?
The sun would rise in vain for me,
My Mary!

Partakers of thy sad decline,
Thy hands their little force resign;
Yet, gently prest, press gently mine,
My Mary!

And then I feel that still I hold
A richer store ten thousandfold
Than misers fancy in their gold,
My Mary!

Such feebleness of limbs thou prov'st,
That now at every step thou mov'st
Upheld by two; yet still thou lov'st,
My Mary!

And still to love, though prest with ill,
In wintry age to feel no chill,
With me is to be lovely still,
My Mary!

But ah! by constant heed I know,
How oft the sadness that I show
Transforms thy smiles to looks of woe,
My Mary!

And should my future lot be cast
With much resemblance of the past,
Thy worn-out heart will break at last.
My Mary!

52. Bonie Doon

—— R. Burns

Ye flowery banks o'bonie Doon,
How can ye blume sae fair?
How can ye chant, ye little birds,
And I sae fu' o' care?

Thou'll break my heart, thou bonie bird,
That sings upon thc bough;
Thou minds me o' the happy days,
When my fause luve was true.

Thou'll break my heart, thou bonie bird,
That sings beside thy mate;
For sae I sat, and sae I sang,
And wist' na o' my fate.

Aft hae I roved by bonie Doon
To see the wood-bine twine,
And ilka' bird sang o' its luve,
And sae did I o' mine.

Wi’ lightsome heart I pu’d a rose
Frae aff its thorny tree;
And my fause luver staw’ my rose
But left the thorn wi’ me.

53. Of A' the Airts the Wind Can Blaw

—— R. Burns

Of a' the airts[*] the wind can blaw
I dearly like the west,
For there the bonie lassie lives,
The lassie I lo'e best.
There wild woods grow, and rivers row,[**]
And monie a hill between,
But day and night my fancy's flight
Is ever wi' my Jean.

I see her in the dewy flowers.
I see her sweet and fair.
I hear her in the tunefu' birds,
I hear her charm the air.
There's not a bonie flower that springs
By fountain, shaw,[***] or green,
There's not a bonie bird that sings,
But minds me o' my Jean.

---

* directions.

** roll.

*** wood.

54. Sweet Afton

—— R. Burns

Flow gently, sweet Afton! among thy green braes,
Flow gently, I'll sing thee a song in thy praise;
My Mary's asleep by thy murmuring stream,
Flow gently, sweet Afton, disturb not her dream.

Thou stock-dove whose echo resounds thro' the glen,
Ye wild whistling blackbirds in yon thorny den,
Thou green crested lapwing, thy screaming forbear,
I charge you, disturb not my slumbering Fair.

How lofty, sweet Afton, thy neighbouring hills,
Far marked with the courses of clear, winding rills;
There daily I wander as noon rises high,
My flocks and my Mary's sweet cot in my eye.

How pleasant thy banks and green valleys below,
Where, wild in the woodlands, the primroses blow;
There oft, as mild ev'ning weeps ove the lea,
The sweet-scented birk shades my Mary and me.

Thy crystal stream, Afton, how lovely it glides,
And winds by the cot where my Mary resides;
How wanton thy water her snowy feet lave,
As, gathering sweet flowerets, she stems thy clear wave.

Flow gently, sweet Afton, among thy green braes,
Flow gently, sweet river, the theme of my lays;
My Mary's asleep by thy murmuring stream,
Flow gently, sweet Afton, disturb not her dream.

55. A Red, Red Rose

—— R. Burns

O, my luve is like a red, red rose,
That's newly sprung in June.
O, my luve is like the melodie,
That's sweetly play'd in tune.

As fair art thou, my bonie lass,
So deep in luve am I,
And I will luve thee still, my dear,
Till a' the seas gang dry.

Till a' the seas gang dry, my dear,
And the rocks melt wi' the sun!
And I will luve thee still, my dear,
While the sands o' life shall run.

And fare thee weel, my only luve,
And fare thee weel a while!
And I will come again, my luve,
Tho' it were ten thousand mile!

56 John Anderson My Jo

—— R. Burns

John Anderson, my jo, John,
When we were first acquent,
Your locks were like the raven,
Your bonie brow was brent;
But now your brow is beld, John,
Your locks are like the snow.
But blessings on your frosty pow,
John Anderson my jo!

John Anderson my jo, John,
We clamb the hill thegither,
And monie a cantie day, John,
We've had wi' ane anither;
Now we maun totter down, John,
And hand in hand we'll go,
And sleep thegither at the foot,
John Anderson my jo!

57. The Sick Rose

—— W. Blake

O Rose, thou art sick.
The invisible worm
That flies in the night
In the howling storm.

Has found out thy bed
Of crimson joy,
And his dark secret love
Dose thy life destroy.

58. The Garden of Love

—— W. Blake

I went to the Garden of Love,
And saw what I never had seen:
A Chapel was built in the midst,
Where I used to play on the green.

And the gates of this Chapel were shut,
And "Thou shalt not" writ over the door;
So I turn'd to the Garden of Love
That so many sweet flowers bore;

And I saw it was filled with graves,
And tomb-stones where flowers should be;
And Priests in black gowns were walking their rounds,
And binding with briars my joys & desires.

59. The Solitary Reaper

—— W. Wordsworth

Behold her, single in the field.
Yon solitary Highland Lass!
Reaping and singing by herself;
Stop here, or gently pass!
Alone she cuts and binds the grain,
And sings a melancholy strain;
O listen! for the Vale profound
Is overflowing with the sound.

No Nightingale did ever chaunt
More welcome notes to weary bands
Of travelers in some shady haunt,
Among Arabian sands;
A voice so thriling ne'er was heard
In springtime from he Cuckoo bird,
Breaking the silence of the seas
Among the farthest Hebrides.

Will no one tell me what she sings? —
Perhaps the plaintive numbers flow

For old, unhappy, far-off things,
And battles long ago;
Or is it some more humble lay,
Familiar matter of today?
Some natural sorrow, loss, or pain.
That has been, and may be again?

Whate'er the theme, the Maiden sang
As if her song could have no ending;
I saw her singing at her work,
And o'er the sickle bending—
I listened, motionless and still;
And, as I mounted up the hill,
The music in my heart I bore,
Long after it was heard no more.

60. She Dwelt among the Untrodden Ways

—— W. Wordsworth

She dwelt among the untrodden ways
Beside the springs of Dove,
A Maid whom there were none to praise
And very few to love:

A violet by a mossy stone
Half hidden from the eye!
—Fair as a star, when only one
Is shining in the sky.

She lived unknown, and few could know
When Lucy ceased to be;
But she is in her grave, and, oh,
The difference to me!

61. A Slumber Did My Spirit Seal

—— W. Wordsworth

A slumber did my spirit seal;
I had no human fears:
She seemed a thing that could not feel
The touch of earthly years.

No motion has she now, no force;
She neither hears nor sees;
Rolled round in earth's diurnal course,
With rocks, and stones, and trees.

62. An Hour with Thee

—— Sir W. Scott

An hour with thee! When earliest day
Dapples with gold the eastern grey,
Oh, what can frame my mind to bear
The toil and turmoil, cark and care,
New griefs, which coming hours unfold,
And sad remembrance of the old?
One hour with thee.

One hour with thee! When burning June
Waves his red flag at pitch of noon;
What shall repay the faithful swain,
His labour on the sultry plain;
And, more than cave or sheltering bough,
Cool feverish blood and throbbing brow?
One hour with thee.

One hour with thee! When sun is set,
Oh, what can teach me to forget
The thankless labours of the day;
The hopes, the wishes, flung away;

The increasing wants, and lessening gains,

The master's pride, who scorns my pains?

One hour with thee.

63. The Torch of Love Dispels the Gloom

—— W. S. Landor

The torch of Love dispels the gloom
Of life, and animates the tomb;
But never let it idly flare
On gazers in the open air,
Nor turn it quite away from one
To whom it serves for moon and sun,
And who alike in night or day
Without it could not find his way.

64. Freedom and Love

—— T. Campbell

How delicious is the winning
Of a kiss at love's beginning,
When two mutual hearts are sighing
For the knot there's no untying!

Yet remember, 'midst your wooing
Love has bliss, but Love has ruıng;
Other smiles may make you fickle,
Tears for other charms may trickle.

Love he comes and Love he tarries.
Just as fate or fancy carries;
Longest stays, when sorest chidden;
Laughs and flies, when press'd and bidden.

Bind the sea to slumber stilly,
Bind its odour to the lily,
Bind the aspen ne'er to quiver,
Then bind Love to last for ever.

Love's a fire that needs renewal
Of fresh beauty for its fuel:
Love's wing moults when caged and captured,
Only free, he soars enlraptured.

Can you keep the bee from ranging,
Or the ringdove's neck from changing?
No! Nor fetter'd Love from dying
In the knot there's no untying.

65. She Walks in Beauty

—— G. G. Byron

She walks in beauty, like the night
Of cloudless climes and starry skies;
And all that's best of dark and bright
Meet in her aspect and her eyes:
Thus mellowed to that tender light
Which heaven to gaudy day denies.

One shade the more, one ray the less,
Had half impaired the nameless grace
Which waves in every raven tress
Or softly lightens o'er her face;
Where thoughts serenely sweet express
How pure, how dear their dwelling-place.

And on that cheek, and o'er that brow
So soft, so calm, yet eloquent,
The smiles that win, the tints that glow,
But tell of days in goodness spent,
A mind at peace with all below,
A heart whose love is innocent!

66. So We'll Go No More A-Roving

—— G. G. Byron

So we'll go no more a-roving
So late into the night,
Though the heart be still as loving,
And the moon be still as bright.

For the sword outwears its sheath,
And the soul wears out the breast,
And the heart must pause to breathe,
And Love itself have rest.

Though the night was made for loving,
And the day returns too soon,
Yet we'll go no more a-roving
By the light of the moon.

67. When We Two Parted

—— G. G. Byron

When we two parted
In silence and tears,
Half broken-hearted,
To sever for years,
Pale grew thy cheek and cold,
Colder thy kiss;
Truly that hour foretold
Sorrow to this!

The dew of the morning
Sunk chill on my brow;
It felt like the warning
Of what I feel now.
Thy vows are all broken,
And light is thy fame:
I hear thy name spoken
And share in its shame.

They name thee before me,
A knell to mine ear;

A shudder comes o'er me—
Why wert thou so dear?
They know not I knew thee
Who knew thee too well:
Long, long shall I rue thee
Too deeply to tell.

In secret we met:
In silence I grieve
That thy heart could forget,
Thy spirit deceive.
If I should meet thee
After long years,
How should I greet thee? —
With silence and tears.

68. A Song

—— P. B. Shelley

A widow bird sate mourning for her love
Upon a wintry bough;
The frozen wind crept on above
The freezing stream below.

There was no leaf upon the forest bare,
No flower upon the ground,
And little motion in the air
Except the mill-wheel's sound.

69. Love's Philosophy

—— P. B. Shelley

The fountains mingle with the river
And the rivers with the Ocean,
The winds of Heavea mix for ever
With a sweet emotion;
Nothing in the world is single;
All things by a law divine
In one spirit meet and mingle.
Why not I with thine?

See the mountains kiss high Heaven
And the waves clasp one another;
No sister-flower would be forgiven
If it disdained its brother;
And the sunlight clasps the earth
And the moonbeams kiss the sea:
What is all this sweet work worth
If thou kiss not me?

70. To——

—— P. B. Shelley

Music, when soft voices die,
Vibrates in the memory—
Odours, when sweet violets sicken,
Live within the sense they quicken.

Rose leaves, when the rose is dead, .
Are heaped for the beloved's bed;
And so thy thoughts, when thou art gone,
Love itself shall slumber on.

71. First Love

—— J. Clare

I ne'er was struck before that hour
With love so sudden and so sweet,
Her face it bloomed like a sweet flower
And stole my heart away complete.
My face turned pale as deadly pale.
My legs refused to walk away,
And when she looked, what could I ail?
My life and all seemed turned to clay.

And then my blood rushed to my face
And took my eyesight quite away,
The trees and bushes round the place
Seemed midnight at noonday.
I could not see a single thing,
Words from my eyes did start—
They spoke as chords do from the string,
And blood burnt round my heart.

Are flowers the winter's choice?
Is love's bed always snow?

She seemed to hear my silent voice,
Not love's appeals to know.
I never saw so sweet a face
As that I stood before.
My heart has left its dwelling-place
And can return no more.

72. To Mary: It Is the Evening Hour

—— J. Clare

It is the evening hour,
How silent all doth lie:
The horned moon she shows her face
In the river with the sky.
Just by the path on which we pass,
The flaggy lake lies still as glass.

Spirit of her I love,
Whispering to me
Stories of sweet visions as I rove,
Here stop, and crop with me
Sweet flowers that in the still hour grew,
We'll take them home, nor shake off the bright dew.

Mary, or sweet spirit of thee,
As the bright sun shines to-morrow
Thy dark eyes these flowers shall see,
Gathered by me in sorrow,
Into the still hour when my mind was free
To walk alone—yet wish I walked with thee.

73. When I Have Fears

—— J. Keats

When I have fears that I may cease to be
Before my pen has glean'd my teeming brain,
Before high-piled books, in charactery,
Hold like rich garners the full-ripen'd grain;
When I behold, upon the night's starr'd face,
Huge cloudy symbols of a high romance,
And think that I may never live to trace
Their shadows, with the magic hand of chance;
And when I feel, fair creature of an hour,
That I shall never look upon thee more,
Never have relish in the faery power
Of unreflecting love—then on the shore
Of the wide world I stand alone, and think
Till love and fame to nothingness do sink.

74. Bright Star

—— J. Keats

Bright star, would I were stedfast as thou art—
Not in lone splendour hung aloft the night
And watching, with eternal lids apart,
Like nature's patient, sleepless Eremite,
The moving waters at their priestlike task
Of pure ablution round earth's human shores,
Or gazing on the new soft-fallen mask
Of snow upon the mountains and the moors—
No—yet still stedfast, still unchangeable,
Pillow'd upon my fair love's ripening breast,
To for ever its soft fall and swell,
Awake for ever in a sweet unrest,
Still, still to hear her tender-taken breath,
And so live ever—or else swoon to death.

75. Ruth

—— T. Hood

She stood breast-high amid the corn,
Clasp'd by the golden light of morn,
Like the sweetheart of the sun,
Who many a glowing kiss had won.

On her cheek an autumn flush,
Deeply ripen'd; —such a blush
In the midst of brown was born,
Like red poppies grown with corn.

Round her eyes her tresses fell,
Which were blackest none could tell,
But long lashes veil'd a light,
That had else been all too bright.

And her hat, with shady brim,
Made her tressy forehead dim;
Thus she stood amid the stooks,
Praising God with sweetest looks: —

Sure, I said, Heav'n did not mean,
Where I reap thou shouldst but glean,
Lay thy sheaf adown and come,
Share my harvest and my home.

76. Say Over Again

—— E. B. Browning

Say over again, and yet once over again,
That thou dost love me. Though the word repeated
Should seem a'cuckoo-song, 'as thou dost treat it,
Remember, never to the hill or plain,
Valley and wood, without her cuckoo-strain
Comes the fresh Spring in all her green completed.
Beloved, I, amid the darkness greeted
By a doubtful spirit-voice, in that doubt's pain.
Cry, 'Speak once more—thou lovest! 'Who can fear
Too many stars, though each in heaven shall roll,
Too many flowers, though each shall crown the year?
Say thou dost love me, love me, love me—toll
The silver iterance! —only minding, Dear,
To love me also in silence with thy soul.

77. How Do I Love Thee? Let Me Count the Ways

—— E. B. Browning

How do I love thee? Let me count the ways.
I love thee to the depth and breadth and height
My soul can reach, when feeling out of sight
For the ends of Being and ideal Grace.
I love thee to the level of everyday's
Most quiet need, by sun and candle-light.
I love thee freely, as men strive for Right;
I love thee purely, as they turn from Praise.
I love thee with the passion put to use
In my old griefs, and with my childhood's faith.
I love thee with a love I seemed to lose
With my lost saints, —I love thee with the breath,
Smiles, tears, of all my life! —and, if God choose,
I shall but love thee better after death.

78. Come Not, When I Am Dead

—— A. Tennyson

Come not, when I am dead,
To drop thy foolish tears upon my grave,
To trample round my fallen head,
And vex the unhappy dust thou wouldst not save.
There let the wind sweep and the plover cry; But thou, go by.

Child, if it were thine error or thy crime
I care no longer, being all unblest:
Wed whom thou wilt, but I am sick of Time,
And I desire to rest.
Pass on, weak heart, and leave me where I lie;
Go by, go by.

79. The Splendor Falls

—— A. Tennyson

The splendor falls on castle walls
And snowy summits old in story;
The long light shakes across the lakes,
And the wild cataract leaps in glory.
Blow, bugle, blow, set the wild echoes flying,
Blow, bugle; answer, echoes, dying, dying, dying.

O, hark, O, hear! how thin and clear,
And thinner, clearer, farther going !
O, sweet and far from cliff and scar,
The horns of Elfland faintly blowing!
Blow, let us hear the purple glens replying,
Blow, bugle; answer, echoes, dying, dying, dying.

O love they die in yon rich sky,
They faint on hill or field or river;
Our echoes roll from soul to soul,
And grow for ever and for ever.
Blow, bugle, blow, set the wild echoes flying,
And answer, echoes, answer, dying, dying, dying.

80. I Envy Not in Any Moods

—— A. Tennyson

I envy not in any moods
The captive void of noble rage,
The linnet born within the cage,
That never knew the summer woods:

I envy not the beast that takes
His license in the field of time,
Unfetter'd by the sense of crime,
To whom a conscience never wakes;

Nor, what may count itself as blest,
The heart that never plighted troth,
But stagnates in the weeds of sloth;
Nor any want-begotten rest.

I hold it true, whate'er befall;
I feel it, when I sorrow most;
'Tis better to have loved and lost
Than never to have loved at all.

81. Meeting at Night

—— R. Browning

The gray sea and the long black land;
And the yellow half-moon large and low;
And the startled little waves that leap
In fiery ringlets from their sleep,
As I gain the cove with pushing prow,
And quench its speed i' the slushy sand.

Then a mile of warm sea-scented beach;
Three fields to cross till a farm appears;
A tap at the pane, the quick sharp scratch
And blue spurt of a lighted match,
And a voice less loud, thro' its joys and fears,
Than the two hearts beating each to each!

82. Love

—— R. Browning

So, the year's done with!
(Love me for ever!)
All March begun with,
April's endeavour;
May-wreaths that bound me
June needs must sever;
Now snows fall round me,
Quenching June's fever—
(Love me for ever!)

83. My Last Duchess-Ferrara

—— R. Browning

Tht's my last Duchess painted on the wall,
Looking as if she were alive. I call
That piece a wonder, now: Fra Pandolf's hands
Worked busily a day, and there she stands.
Will't please you sit and look at her? I said
"Fra Pandolf?" by design, for never read
Strangers like you that pictured countenance,
The depth and passion of its earnest glance,
But to myself they turned (since none puts by
The curtain I have drawn for you, but I)
And seemed as they would ask me, if they durst.
How such a glance came there; so, not the first
Are you to turn and ask thus. Sir, 'twas not
Her husband's presence only, called that spot
Of joy into the Duchess' cheek: perhaps
Fra Pandolf chanced to say "Her mantle laps
Over my lady's wrist too much," or "Paint
Must never hope to reproduce the faint
Half-flush that dies along her throat:" such stuff
Was courtesy, she thought, and cause enough

For calling up that spot of joy. She had
A heart—how shall I say? too soon made glad.
Too easily impressed; she liked whate'er
She looked on, and her looks went everywhere.
Sir, 'twas all one! My favor at her breast,
The drooping of the daylight in the West,
The bough of cherries some officious fool
Broke in the orchard for her, the white mule
She rode with round the terrace—all and each
Would draw from her alike the approving speech,
Or blush, at least. She thanked men—good! but thanked
Somehow—I know not how, as if she ranked
My gift of a nine-hundred-years-old name
With anybody's gift. Who'd stoop to blame
This sort of trifling? Even had you skill
In speech— (which I have not) —to make your will
Quite clear to such an one, and say, "Just this
Or that in you disgusts me; here you miss,
Or there exceed the mark—" and if she let
Herself be lessoned so, nor plainly set
Her wits to yours, forsooth, and made excuse,
—E'en then would be some stooping; and I choose
Never to stoop. Oh sir, she smiled, no doubt,
Whene'er I passed her, but who passed without
Much the same smile? This grew; I gave command;

Then all smiles stopped together. There she stands
As if alive. Will't please you rise? We'll meet
The company below, then. I repeat,
The Count your master's known munificence
Is ample warrant that no just pretense
Of mine for dowry will be disallowed;
Though his fair daughter's self, as I avowed
At starting, is my object. Nay, we'll go
Together down, sir. Notice Neptune, though,
Taming a sea-horse, thought a rarity,
Which Claus of Innsbruck cast in bronze for me!

84. If Grief for Grief Can Touch Thee

—— E. Brontë

If grief for grief can touch thee,
If answering woe for woe,
If any ruth can melt thee,
Come to me now!

I cannot be more lonely,
More drear I cannot be!
My worn heart throbs so wildly
'Twill break for thee.

And when the world despises,
When heaven repels my prayer,
Will not mine angel comfort?
Mine idol hear?

Yes, by the tears I've poured thee,
By all my hours of pain,
O I shall surely win thee,
Beloved, again!

85. Remembrance

—— E. Brontë

Cold in the earth—and the deep snow piled above thee, .
Far, far removed, cold in the dreary grave!
Have I forgot, my only Love, to love thee,
Severed at last by Time's all-severing wave?

Now, when alone, do my thoughts no longer hover
Over the mountains, on that northern shore,
Resting their wings where heath and fern-leaves cover
Thy noble heart for ever, ever more?

Cold in the earth—and fifteen wild Decembers
From those brown hills, have melted into spring:
Faithful, indeed, is the spirit that remembers
After such years of change and suffering!

Sweet Love of youth, forgive, if l forget thee,
While the world's tide is bearing me along;
Other desires and other hopes beset me,
Hopes which obscure, but cannot do thee wrong!

No later light has lightened up my heaven,
No second morn has ever shone for me;
All my life's bliss from thy dear life was given,
All my life's bliss is in the grave with thee.

But when the days of golden dreams had perished,
And even Despair was powerless to destroy,
Then did I learn how existence could be cherished,
Strengthened, and fed, without the aid of joy.

Then did I check the tears of useless passion—
Weaned my young soul from yearning after thine;
Sternly denied its burning wish to hasten
Down to that tomb already more than mine.

And, even yet, I dare not let it languish,
Dare not indulge in memory's rapturous pain;
Once drinking deep of that divinest anguish,
How could I seek the empty world again?

86. Longing

—— M. Arnold

Come to me in my dreams, and then
By day I shall be well again.
For then the night will more than pay
The hopeless longing of the day.

Come, as thou cam'st a thousand times
A messenger from the radiant climes,
And smile on thy new world, and be
As kind to others as to me.

Or, as thou never cam'st in sooth,
Come now, and let me dream it truth.
And part my hair, and kiss my brow,
And say—My love! why sufferest thou?

Come to me in my dreams, and then
By day I shall be well again.
For then the night will more than pay
The hopeless longing of the day.

87. Sudden Light

—— D. G. Rossetti

I have been here before,
But when or how I cannot tell:
I know the grass beyond the door,
The sweet keen smell,
The sighing sound, the lights around the shore.

You have been mine before,
How long ago I may not know:
But just when at that swallow's soar
Your neck turned so,
Some veil did fall—I knew it all of yore.

Has this been thus before?
And shall not thus time's eddying flight
Still with our lives our love restore
In death's despite,
And day and night yield one delight once more?

88. Song

—— C. Rossetti

When I am dead, my dearest,
Sing no sad songs for me;
Plant thou no roses at my head,
Nor shady cypress tree:
Be the green grass above me
With showers and dewdrops wet:
And if thou wilt, remember,
And if thou wilt, forget.

I shall not see the shadows,
I shall not feel the rain;
I shall not hear the nightingale
Sing on as if in pain:
And dreaming through the twilight
That doth not rise nor set,
Haply I may remember,
And haply may forget.

89. Echo

—— C. Rossetti

Come to me in the silence of the night;
Come in the speaking silence of a dream;
Come with soft rounded cheeks and eyes as bright
As sunlight on a stream;
Come back in tears,
O memory, hope, love of finished years.

O dream how sweet, too sweet, too bitter sweet,
Whose wakening should have been in Paradise,
Where souls brimfull of love abide and meet;
Where thirsting longing eyes
Watch the slow door
That opening, letting in, lets out no more.

Yet come to me in dreams, that I may live
My very life again though cold in death:
Come back to me in dreams, that I may give
Pulse for pulse, breath for breath:
Speak low, lean low,
As long ago, my love, how long ago.

90. A Birthday

—— C. Rossetti

My heart is like a singing bird
Whose nest is in a water'd shoot;
My heart is like an apple-tree
Whose boughs are bent with thick-set fruit;
My heart is like a rainbow shell
That paddles in a halcyon sea;
My heart is gladder than all these,
Because my love is come to me.

Raise me a dais of silk and down;
Hang it with vair and purple dyes;
Carve it in doves and pomegranates,
And peacocks with a hundred eyes;
Work it in gold and silver grapes,
In leaves and silver fleurs-de-lys;
Because the birthday of my life
Is come, my love is come to me.

91. Love Is Enough

—— W. Morris

Love is enough: though the World be awaning,
And the woods have no voice but the voice of complaining,
Though the sky be too dark for dim eyes to discover
The gold-cups and daisies fair blooming thereunder,
Though the hills be held shadows, and the sea a dark wonder
And this day draw a veil over all deeds pass'd over,
Yet their hands shall not tremble, their feet shall not falter;
The void shall not weary, the fear shall not alter
These lips and these eyes of the loved and the lover.

92. Stage Love

—— A. C. Swinburne

When the game began between them for a jest,
He played king and she played queen to match the best;
Laughter soft as tears, and tears that turned to laughter,
These were things she sought for years and sorrowed after.

Pleasure with dry lips, and pain that walks by night;
All the sting and all the stain of long delight;
These were things she knew not of, that knew not of her,
When she played at half a love with half a lover.

Time was chorus, gave them cues to laugh or cry;
They would kill, befool, amuse him, let him die;
Set him webs to weave to-day and break tomorrow,
Till he died for good in play, and rose in sorrow.

What the years mean; how time dies and is not slain;
How love grows and laughs and cries and wanes again;
These were things she came to know, and take their measure,
When the play was played out so for one man's pleasure.

93. Itylus

—— A. C. Swinburne

Swallow, my sister, O sister swallow,
How can thine heart be full of the spring?
A thousand summers are over and dead.
What hast thou found in the spring to follow?
What hast thou found in thine heart to sing?
What wilt thou do when the summer is shed?

O swallow, sister, O fair swift swallow,
Why wilt thou fly after spring to the south,
The soft south whither thine heart is set?
Shall not the grief of the old time follow?
Shall not the song thereof cleave to thy mouth?
Hast thou forgotten ere I forget?

Sister, my sister, O fleet sweet swallow,
Thy way is long to the sun and the south;
But I, fulfilled of my heart's desire,
Shedding my song upon height, upon hollow,
From tawny body and sweet small mouth
Feed the heart of the night with fire.

I the nightingale all spring through,
O swallow, sister, O changing swallow,
All spring through till the spring be done,
Clothed with the light of the night on the dew,
Sing, while the hours and the wild birds follow,
Take flight and follow and find the sun.

Sister, my sister, O soft light swallow,
Though all things feast in the spring's guest-chamber,
How hast thou heart to be glad thereof yet?
For where thou fliest I shall not follow,
Till life forget and death remember,
Till thou remember and I forget.

Swallow, my sister, O singing swallow,
I know not how thou hast heart to sing.
Hast thou the heart? is it all passed over?
Thy lord the summer is good to follow,
And fair the feet of thy lover the spring;
But what wilt thou say to the spring thy lover?

O swallow, sister, O fleeting swallow,
My heart in me is a molten ember
And over my head the waves have met.
But thou wouldst tarry, or I would follow,

Could I forget or thou remember,
Couldst thou remember and I forget.

O sweet stray sister, O shifting swallow,
The heart's division divideth us.
Thy heart is light as a leaf of a tree;
But mine goes forth among sea-gulls hollow
To the place of the slaying of Itylus,
The feast of Daulis, the Thracian sea.

O swallow, sister, O rapid swallow,
I pray thee sing not a little space.
Are not the roofs and the lintels wet?
The woven web that was plain to follow,
The small slain body, the flower-like face,
Can I remember if thou forget?

O sister, sister, thy first-begotten!
The hands that cling and the feet that follow,
The voice of the child's blood crying yet,
Who hath remembered me? who hath forgotten?
Thou hast forgotten, O summer swallow,
But the world shall end when I forget.

94. Requiescat

—— Oscar Wilde

Tread lightly, she is near
Under the snow,
Speak gently, she can hear
The daisies grow.

All her bright golden hair
Tarnished with rust,
She that was young and fair
Fallen to dust.

Lily-like, white as snow,
She hardly knew
She was a woman, so
Sweetly she grew.

Coffin-board, heavy stone,
Lie on her breast;
I vex my heart alone,
She is at rest.

Peace, Peace, she cannot hear
Lyre or sonnet,
All my life's buried here,
Heap earth upon it.

95. St. Valentine's Day

—— W. Blunt

Today, all day, I rode upon the Down,
With hounds and horsemen, a brave company.
On this side in its glory lay the sea,
On that the Sussex Weald, a sea of brown.
The wind was light, and brightly the sun shone,
And still we galloped on from gorse to gorse.
And once, when checked, a thrush sang, and my horse
Pricked his quick ears as to a sound unknown.
I knew the spring was come. I knew it even
Better than all by this, that through my chase
In bush and stone and hill and sea and heaven
I seemed to see and follow still your face.
Your face my quarry was. For it I rode,
My horse a thing of wings, myself a god.

96. A Thunderstorm in Town

—— T. Hardy

She wore a new "terra-cotta" dress,
And we stayed, because of the pelting storm,
Within the hansom's dry recess,
Though the horse had stopped; yea, motionless
We sat on, snug and warm.

Then the downpour ceased, to my sharp sad pain,
And the glass that had screened our forms before
Flew up, and out she sprang to her door:
I should have kissed her if the rain
Had lasted a minute more.

97. The Ruined Maid

—— T. Hardy

"O 'Melia, my dear, this does everything crown!
Who could have supposed I should meet you in Town?
And whence such fair garments, such prosperi-ty?"
"O didn't you know I'd been ruined?" said she.

"You left us in tatters, without shoes or socks,
Tired of digging potatoes, and spudding up docks;
And now you've gay bracelets and bright feathers three!"
"Yes: that's how we dress when we're ruined," said she.

"At home in the barton' you said 'thee'and 'thou, '
And 'thik oon,' and 'theäs oon,' and 't'other'; but now
Your talking quite fits 'ee for high compa-ny!"
"Some polish is gained with one's ruin" said she.

"Your hands were like paws then, your face blue and bleak
But now I'm bewitched by your delicate cheek,
And your little gloves fit as on any la-dy!"
"We never do work when we're ruined," said she.

"You used to call home-life a hag-ridden dream,
And you'd sigh, and you'd sock; but at present you seem
To know not of megrims' or melancho-ly!"
"True. One's pretty lively when ruined," said she.

"I wish I had feathers, a fine sweeping gown,
And a delicate face, and could strut about Town!"
"My dear-a raw coutry girl, such as you be,
Cannot quite expect that. You ain't ruined," said she.

98. A Broken Appointment

—— T. Hardy

You did not come,
And marching Time drew on, and wore me numb.
Yet less for loss of your dear presence there
Than that I thus found lacking in your make
That high compassion which can overbear
Reluctance for pure lovingkindness' sake
Grieved I, when, as the hope-hour stroked its sum,
You did not come.

You love not me,
And love alone can lend you loyalty;
—I know and knew it. But, unto the store
Of human deeds divine in all but name.
Was it not worth a little hour or more
To add yet this: Once you, a woman, came
To soothe a time-torn man; even though it be
You love not me?

99. Oh, When I Was in Love with You

—— A. E. Housman

Oh, when I was in love with you,
Then I was clean and brave,
And miles around the wonder grew
How well did I behave.

And now the fancy passes by,
And nothing will remain,
And miles around they'll say that I
Am quite myself again.

100. Along the Field as We Came By

—— A. E. Housman

Along the field as we came by
A year ago, my love and I,
The aspen over stile and stone
Was talking to itself alone.
"Oh who are these that kiss and pass?
A country lover and his lass;
Two lovers looking to be wed;
And time shall put them both to bed,
But she shall lie with earth above,
And he beside another love."

And sure enough beneath the tree
There walks another love with me,
And overhead the aspen heaves
Its rainy-sounding silver leaves;
And I spell nothing in their stir,
But now perhaps they speak to her,
And plain for her to understand
They talk about a time at hand
When I shall sleep with clover clad,
And she beside another lad.

101. White in the Moon the Long Road Lies

——A. E. Housman

White in the moon the long road lies,
The moon stands blank above;
White in the moon the long road lies
That leads me from my love.

Still hangs, the hedge without a gust,
Still, still the shadows stay:
My feet upon the moonlit dust
Pursue the ceaseless way.

The world is round, so travelers tell,
And straight though reach the track,
Trudge on, trudge on, 'twill all be well,
The way will guide one back.

But ere the circle homeward hies
Far, far must it remove:
White in the moon the long road lies
That leads me from my love.

102. With Rue My Heart Is Laden

—— A. E. Housman

With rue my heart is laden
For golden friends I had,
For many a rose-lipt maiden
And many a lightfoot lad.

By brooks too broad for leaping
The lightfoot boys are laid;
The rose-lipt girls are sleeping
In fields where roses fade.

103. Leda and the Swan

—— W. B. Yeats

A sudden blow: the great wings beating still
Above the staggering girl, her thighs caressed
By the dark webs, her nape caught in his bill,
He hold her helpless breast upon his breast.

How can those terrified vague fingers push
The feathered glory from her loosening thighs?
And how can body, laid in that white rush,
But feel the strange heart beating where it lies?

A shudder in the loins engenders there
The broken wall, the burning roof and tower
And Agamemnon dead. Being so caught up.
So mastered by the brute blood of the air,
Did she put on his knowledge with his power
Before the indifferent beak could let her drop?

104. Down by the Salley Gardens

—— W. B. Yeats

Down by the Salley Gardens my love and I did meet;
She passed the Salley Gardens with little snow-white feet.
She bid me take love easy, as the leaves grow on the tree;
But I, being young and foolish, with her would not agree.

In a field by the river my love and I did stand,
And on my leaning shoulder she laid her snow-white hand.
She bid me take life easy, as the grass grows on the weirs;
But I was young and foolish, and now am full of tears.

105. When You Are Old

—— W. B. Yeats

When you are old and grey and full of sleep.
And nodding by the fire, take down this book,
And slowly read, and dream of the soft look
Your eyes had once, and of their shadows deep;

How many loved your moments of glad grace,
And loved your beauty with love false or true,
But one man loved the pilgrim soul in you,
And loved the sorrows of your changing face;

And bending down beside the glowing bars,
Murmur, a little sadly, how Love fled
And paced upon the mountains overhead
And hid his face amid a crowd of stars.

106. Never Give All the Heart

—— W. B. Yeats

Never give all the heart, for love
Will hardly seem worth thinking of
To passionate women if it seem
Certain, and they never dream
That it fades out from kiss to kiss;
For everything that's lovely is
But a brief, dreamy, kind delight.
O never give the heart outright,
For they, for all smooth lips can say,
Have given their hearts up to the play.
And who could play it well enough
If deaf and dumb and blind with love?
He that made this knows all the cost,
For he gave all his heart and lost.

107. O Sweetheart, Hear You

—— J. Joyce

O sweetheart, hear you
Your lover's tale;
A man shall have sorrow
When friends him fail.

For he shall know then
Friends be untrue
And a little ashes
Their words come to.

But one unto him
Will softly move
And softly woo him
In ways of love.

His hand is under
Her smooth round breast;
So he who has sorrow
Shall have rest.

108. As I Walked Out One Evening

—— W. H. Auden

As I walked out one evening,
Walking down Bristol Street,
The crowds upon the pavement
Were fields of harvest wheat.

And down by the brimming river
I heard a lover sing
Under an arch of the railway:
"Love has no ending.

"I'll love you, dear, I'll love you
Till China and Africa meet,
And the river jumps over the mountain
And the salmon sing in the street,

"I'll love you till the ocean
Is folded and hung up to dry
And the seven stars go squawking
Like geese about the sky.

"The years shall run like rabbits,
For in my arms I hold
The Flower of the Ages,
And the first love of the world."

But all the clocks in the city
Began to whirr and chime:
"O let not Time deceive you,
You cannot conquer Time.

"In the burrows of the Nightmare
Where Justice naked is,
Time watches from the shadow
And coughs when you would kiss.

"In headaches and in worry
Vaguely life leaks away,
And Time will have his fancy
Tomrrow or Today.

"Into many a green valley
Drifts the appalling snow;
Time breaks the threaded dances
And the diver's brilliant bow.

"O plunge your hands in water,
Plunge them in up to the wrist;
Stare, stare in the basin
And wonder what you've missed.

"The glacier knocks in the cupboard,
The desert sighs in the bed,
And the crack in the teacup opens
A lane to the land of the dead.

"Where the beggars raffle the banknotes
And the Giant is enchanting to Jack,
And the Lily-white Boy is a Roarer,
And Jill goes down on her back.

"O look, look in the mirror,
O look in your distress;
Life remains a blessing
Although you cannot bless.

"O stand, stand at the window
As the tears scald and start;
You shall love your crooked neighbor
With your crooked heart."

It was late, late in the evening,
The lovers they were gone;
The clocks had ceased their chiming,
And the deep river ran on.

109. Before the Birth of One of Her Childen

—— A. Bradstreet

All things within this fading world hath end,
Adversity doth still our joys attend;
No ties so strong, no friends so dear and sweet,
But with death's parting blow is sure to meet.
The sentence past is most irrevocable,
A common thing, yet oh, inevitable.
How soon, my Dear, death may my steps attend.
How soon't may be thy lot to lose thy friend,
We both are ignorant, yet love bids me.
These farewell lines to recommend to thee,
That when that knot's untied that made us one,
I may seem thine, who in effect am none.
And if I see not half my days that's due,
What nature would, God grant to yours and you;
The many faults that well you know I have
Let be interred in my oblivious grave;
If any worth or virtue were in me,
Let that live freshly in thy memory
And when thou feel'st no grief, as I no harms,
Yet love thy dead, who long lay in thine arms.

And when thy loss shall be repaid with gains
Look to my little babes, my dear remains.
And if thou love thyself, or loved'st me,
These O protect from step-dame's injury.
And if chance to thine eyes shall bring this verse,
With some sad sighs honour my absent hearse;
And kiss this paper for thy love's dear sake,
Who with salt tears this last farewell did take.

110. O, Fairest of the Rural Maids

—— W. C. Bryant

O, fairest of the rural maids!
Thy birth was in the fairest shades;
Green boughs and glimpses of the sky
Were all that met thine infant eye.

Thy sports, thy wanderings when a child,
Were ever in the sylvan wild;
And all the beauty of the place
Is in thy heart and on thy face.

The twilight of the trees and rocks
Is in the light shade of thy locks;
Thy step is as the wind that weaves
Its playful way among the leaves.

Thine eyes are springs, in whose serene
And silent waters Heaven is seen;
Their lashes are the herbs that look
On their young figures in the brook.

The forest depths by foot impressed

Are not more sinless than thy breast;

The holy peace that fills the air

Of those calm solitudes, is there.

111. Give All to Love

—— R. W. Emerson

Give all to love;
Obey thy heart;
Friends, kindred, days,
Estate, good fame,
Plans, credit, and the Muse—
Nothing refuse.

'Tis a brave master;
Let it have scope:
Follow it utterly,
Hope beyond hope:
High and more high
It dives into noon,
With wing unspent,
Untold intent;

But it is a god,
Knows its own path,
And the outlets of the sky.
It was never for the mean;

It requireth courage stout,
Souls above doubt,
Valour unbending:
Such 'twill reward; —
They shall return
More than they were,
And ever ascending.

Leave all for love;
Yet, hear me, yet,
One word more thy heart behoved,
One pulse more of firm endeavour—
Keep thee to-day,
To-morrow, for ever,
Free as an Arab
Of thy beloved.

Cling with life to the maid;
But when the surprise,
First vague shadow of surmise,
Flits across her bosom young,
Of a joy apart from thee,
Free be she, fancy-free;
Nor thou detain her vesture's hem,
Nor the palest rose she flung

From her summer diadem.

Though thou loved her as thyself,
As a self of purer clay;
Though her patting dims the day,
Stealing grace from all alive;
Heartily know,
When half-gods go
The gods arrive.

112. To Helen

—— E. A. Poe

Helen, thy beauty is to me
Like those Nicean barks of yore,
That gently, o'er a perfumed sea,
The weary, way-worn wanderer bore
To his own native shore.

On desperate seas long wont to roam,
Thy hyacinth hair, thy classic face,
Thy Naiad airs have brought me home
To the glory that was Greece
And the grandeur that was Rome.

Lo! In yon brilliant window-niche
How statue-like I see thee stand!
The agate lamp within thy hand,
Ah! Psyche, from the regions which
Are Holy Land!

113. Annabel Lee

——E. A. Poe

It was many and many a year ago,
In a kingdom by the sea,
That a maiden there lived whom you may know
By the name of Annabel Lee;
And this maiden she lived with no other thought
Than to love and be loved by me.

I was a child and she was a child,
In this kingdom by the sea:
But we loved with a love that was more than love—
I and my Annabel Lee;
With a love that the winged seraphs of heaven
Coveted her and me.

And this was the reason that, long ago,
In this kingdom by the sea,
A wind blew out of a cloud, chilling
My beautiful Annabel Lee;
So that her high-born kinsman came
And bore her away from me,

To shut her up in a sepulchre
In this kingdom by the sea.

The angels, not half so happy in heaven,
Went envying her and me—
Yes! —that was the reason (as all men know,
In this kingdom by the sea)
That the wind came out of the cloud by night,
Chilling and killing my Annabel Lee.

But our love it was stronger by far than the love
Of those who were older than we—
Of many far wiser than we
And neither the angels in heaven above,
Nor the demons down under the sea,
Can ever dissever my soul from the soul
Of the beautiful Annabel Lee,

For the moon never beams, without bringing me dreams
Of the beautiful Annabel Lee;
And the stars never rise, but I feel the bright eyes
Of the beautiful Annabel Lee;
And so, all the night-tide, I lie down by the side
Of my darling—my darling—my life and my bride,
In the sepulchre there by the sea,
In her tomb by the sounding sea.

114. The Raven

—— E. A. Poe

Once upon a midnight dreary,
While I pondered weak and weary,
Over many a quaint and curious
Volume of forgotten lore;
While I nodded, nearly napping,
Suddenly there came a tapping,
As of some one gently rapping—
Rapping at my chamber-door.
"'Tis some visitor," I muttered,
"Tapping at my chamber-door;
Only this, and nothing more."

Ah, distinctly I remember,
It was in the bleak December,
And each separate dying ember
Wrought its ghost upon the floor.
Eagerly I wished the morrow;
Vainly I had sought to borrow
From my books surcease of sorrow—
Sorrow for the lost Lenore—

For the rare and radiant maiden
Whom the angels name Lenore—
Nameless here for evermore.

And the silken, sad, uncertain
Rustling of each purple curtain
Thrilled me—filled me with fantastic
Terrors never felt before;
So that now, to still the beating
Of my heart, I stood repeating,
"'Tis some visitor entreating
Entrance at my chamber-door;
This it is, and nothing more."

Presently my soul grew stronger;
Hesitating then no longer,
"Sir," said I, "or, Madam, truly
Your forgiveness I implore;
But the fact is, I was napping,
And so gently you came rapping,
And so faintly you came tapping—
Tapping at my chamber-door,
That I scarce was sure I heard you":
Here I opened wide the door: —
Darkness there, and nothing more.

Deep into that darkness peering,
Long I stood there wondering, fearing,
Doubting, dreaming dreams no mortals
Ever dared to dream before;
But the silence was unbroken,
And the stillness gave no token,
And the only word there spoken
Was the whispered word "Lenore!"
This I whispered, and an echo
Murmured back the word "Lenore!"
Merely this, and nothing more.

Back into the chamber turning,
All my soul within me burning,
Soon again I heard a tapping
Something louder than before.
"Surely," said I, "surely that is
Something at my window lattice;
Let me see, then, what thereat is,
And this mystery explore—
Let my heart be still a moment,
And this mystery explore;
'Tis the wind, and nothing more."

Open here I flung the shutter,
When, with many a flirt and flutter,
In there stepped a stately Raven
Of the saintly days of yore.
Not the least obeisance made he;
Not a minute stopped or stayed he;
But, with mien of lord or lady,
Perched above my chamber-door—
Perched upon a bust of Pallas
Just above my chamber-door—
Perched, and sat, and nothing more.

Then this ebony bird beguiling
My sad fancy into smiling
By the grave and stern decorum
Of the countenance it wore,
"Though thy crest be shorn and shaven,
Thou," I said, "art sure no craven,
Ghastly, grim, and ancient Raven,
Wandering from the Nightly shore;
Tell me what thy lordly name is
On the Night's Plutonian shore."
Quoth the Raven, "Nevermore."

Much I marvelled this ungainly

Fowl to hear discourse so plainly,
Though its answer little meaning
Little relevancy bore;
For we cannot help agreeing
That no living human being
Ever yet was blessed
With seeing bird above his chamber door
Bird or beast upon the sculptured
Bust above his chamber-door,
With such name as "Nevermore."

But the Raven, sitting lonely on
That placid bust, spoke only
That one word, as if his soul
In that one word he did outpour.
Nothing further then he uttered—
Not a feather then he fluttered—
Till I scarcely more than muttered,
"Other friends have flown before—
On the morrow he will leave me,
As my hopes have flown before."
Then the bird said, "Nevermore."

Startled at the stillness broken
By reply so aptly spoken,

"Doubtless," said I,
"What it utters is its only stock and store,
Caught from some unhappy
Master whom unmerciful Disaster
Followed fast and followed faster
Till his songs one burden bore—
Till the dirges of his Hope
The melancholy burden bore
Of 'Never—nevermore.'"

But the Raven still beguiling
All my sad soul into smiling,
Straight I wheeled a cushioned seat
In front of bird, and bust, and door;
Then, upon the velvet sinking,
I betook myself to linking
Fancy unto fancy, thinking
What this ominous bird of yore—
What this grim, ungainly, ghastly,
Gaunt, and ominous bird of yore
Meant in croaking "Nevermore."

This I sat engaged in guessing,
But no syllable expressing
To the fowl, whose fiery eyes

Now burned into my bosom's core;
This and more I sat divining,
With my head at ease reclining
On the cushion's velvet lining
That the lamp-light gloated o'er,
But whose velvet violet lining
With the lamp-light gloating o'er,
She shall press, ah, nevermore!

Then methought the air grew denser,
Perfumed from an unseen censer
Swung by seraphim whose footfalls
Tinkled on the tufted floor.
"Wretch," I cried, "thy God hath lent thee—
By these angels he hath sent thee
Respite—respite and nepenthe,
From thy memories of Lenore!
Quaff, oh, quaff this kind Nepenthe,
And forget this lost Lenore!"
Quoth the Raven, "Nevermore."

"Prophet!" said I, "thing of evil! —
Prophet still, if bird or devil! —
Whether tempter sent, or whether
Tempest tossed thee here ashore,

Desolate, yet all undaunted,
On this desert land enchanted—
On this home by Horror haunted—
Tell me truly, I implore—
Is there—is there balm in Gilead? —
Tell me, tell me, I implore!"
Quoth the Raven, "Nevermore."

"Prophet!" said I, "thing of evil! —
Prophet still, if bird or devil!
By that heaven that bends above us—
By that God we both adore—
Tell this soul, with sorrow laden,
If within the distant Aidenn,
It shall clasp a sainted maiden
Whom the angels name Lenore?"
Quoth the Raven, "Nevermore."

"Be that word our sign of parting,
Bird or fiend!" I shrieked, upstarting—
"Get thee back into the tempest
And the Night's Plutonian shore!
Leave no black plume as a token
Of that lie thy soul hath spoken!
Leave my loneliness unbroken! —

Quit the bust above my door!
Take thy beak from out my heart,
And take thy form from off my door!"
Quoth the Raven, "Nevermore."

And the Raven, never flitting,
Still is sitting, still is sitting
On the pallid bust of Pallas,
Just above my chamber-door;
And his eyes have all the seeming
Of a demon's that is dreaming,
And the lamp-light o'er him streaming
Throws his shadow on the floor;
And my soul from out that shadow
That lies floating on the floor
Shall be lifted—nevermore!

115. Love Equals Swift and Slow

—— H. D. Thoreau

Love equals swift and slow,
And high and low,
Racer and lame,
The hunter and his game.

116. Once I Pass'd Through a Populous City

—— W. Whitman

Once I pass'd through a populous city imprinting my brain for future use with its shows, architecture, customs, traditions,

Yet now of all that city I remember only a woman I casually met there who detain'd me for love of me,

Day by day and night by night we were together—all else has long been forgotten by me,

I remember I say only that woman who passionately clung to me,

Again we wander, we love, we separate again,

Again she holds me by the hand, I must not go,

I see her close beside me with silent lips sad and tremulous.

117. Sometimes with One I Love

—— W. Whitman

Sometimes with one I love I fill myself with rage for fear I effuse unreturn'd love,

But now I think there is no unreturn'd love, the pay is certain one way or another,

(I loved a certain person ardently and my love was not return'd,

Yet out of that I have written these songs.)

118. The Soul Selects Her Own Society

—— E. Dickinson

The Soul selects her own Society—
Then—shuts the Door—
To her divine Majority—
Present no more—

Unmoved—she notes the Chariots—pausing—
At her Iow Gate—
Unmoved—an Emperor be kneeling
Upon her Mat—

I've known her—from an ample nation—
Choose One—
Then—close the Valves of her attention—
Like Stone—

119. I Died for Beauty—

—— E. Dickinson

I died for Beauty—but was scarce
Adjusted in the Tomb
When One who died for Truth, was lain
In an adjoining Room—

He questioned softly "Why I failed?"
"For Beauty", I rcplicd—
"And I—for Truth—Themself are One—
We Brethren, are," He said—

And so, as Kinsmen, met a Night—
We talked between the Rooms—-
Until the Moss had reached our lips—
And covered up—our names—

120. We Outgrow Love Like Other Things

—— E. Dickinson

We outgrow love like other things
And put it in the drawer,
Till it all antique fashion shows
Like costumes grandsires wore.

121. My Life Closed Twice before Its Close

—— E. Dickinson

My life closed twice before its close;
It yet remains to see
If Immortality unveil
A third event to me,
So huge, so hopeless to conceive,
As these that twice befell.
Parting is all we know of heaven,
And all we need of hell.

122. Evening Song

—— S. Lanier

Look off, dear Love, across the sallow sands,
And mark yon meeting of the sun and sea,
How long they kiss in sight of all the lands,
Ah! longer, longer, we.

Now in the sea's red vintage melts the sun,
As Egypt's pearl dissolved in rosy wine,
And Cleopatra night drinks all. 'Tis done,
Love, lay thine hand in mine.

Come forth, sweet stars, and comfort heaven's heart;
Glimmer, ye waves, round else unlighted sands.
O night! divorce our sun and sky apart,
Never our lips, our hands.

123. A Ballad of Trees and the Master

—— S. Lanier

Into the woods my Master went,
Clean forspent, forspent.
Into the woods my Master came,
Forspent with love and shame.
But the olives they were not blind to Him,
The little gray leaves were kind to Him:
The thorn-tree had a mind to Him
When into the woods. He came.

Out of the woods my Master went,
And He was well content.
Out of the woods my Master came,
Content with death and shame.
When Death and Shame would woo Him last,
From under the trees they drew Him last:
'Twas on a tree they slew Him——last:
When out of the woods He came.

124. Elsa Wertman

—— E. L. Masters

I was a peasant girl from Germany,
Blue-eyed, rosy, happy and strong.
And the first place I worked was at Thomas Greene's.
On a summer's day when she was away
He stole into the kitchen and took me
Right in his arms and kissed me on my throat,
I turning my head. Then neither of us
Seemed to know what happened.
And I cried for what would become of me.
And cried and cried as my secret began to show.
One day Mrs. Greene said she understood,
And would make no trouble for me,
And, being childless, would adopt it.
(He had given her a farm to be still.)
So she hid in the house and sent out rumors,
As if it were going to happen to her.
And all went well and the child was born——They were so kind to me.
Later I married Gus Wertman, and years passed.
But——at political rallies when sitters-by thought I was crying

At the eloquence of Hamilton Greene——
That was not it.
No! I wanted to say:
That's my son!
That's my son!

125. Reuben Bright

—— E. A. Robinson

Because he was a butcher and thereby
Did earn an honest living (and did right) ,
I would not have you think that Reuben Bright
Was any more a brute than you or I;

For when they told him that his wife must die,
He stared at them, and shook with grief and fright,
And cried like a great baby half that night,
And made the women cry to see him cry.

And after she was dead, and he had paid
The singers and the sexton and the rest,
He packed a lot of things that she had made
Most mournfully away in an old chest.
Of hers, and put some chopped-up cedar boughs
In with them, and tore down the slaughter-house.

126. New England

—— E. A. Robinson

Here where the wind is always north-north-east
And children learn to walk on frozen toes,
Wonder begets an envy of all those
Who boil elsewhere with such a lyric yeast
Of love that you will hear them at a feast
Where demons would appeal for some repose,
Still clamoring where the chalice overflows
And crying wildest who have drunk the least.

Passion is here a soilure of the wits,
We're told, and Love a cross for them to bear;
Joy shivers in the corner where she knits
And Conscience always has the rocking-chair,
Cheerful as when she tortured into fits
The first cat that was ever killed by Care.

127. A Golden Day

—— P. L. Dunbar

I found you and I lost you,
All on a gleaming day.
The day was filled with sunshine,
And the land was full of May.

A golden bird was singing
Its melody divine,
I found you and I love you,
And all the world was mine.

I found you and I lost you,
All on a golden day,
But when I dream of you, dear,
It is always brimming May.

128. The Young House Wife

—— W. C. Williams

At ten A. M. the young housewife
Moves about in negligee behind
The wooden walls of her husband's house.
I pass solitary in my car.

Then again she comes to the curb
To call the ice-man, fish-man, and stands
Shy, uncorseted, tucking in
Stray ends of hair, and I compare her
To a fallen leaf.

The noiseless wheels of my car
Rush with a cracking sound over
Dried leaves as I bow and pass smiling.

129. Portrait of a Lady

—— W. C. Williams

Your thighs are appletrees
Whose blossoms touch the sky.
Which sky? The sky
Where Watteau hung a lady's slipper.
Your knees are a southern breeze—or a gust of snow.
Agh! what sort of man was Fragonard?
—As if that answered
Anything. Ah, yes-below
The knees, since the tune
Drops that way, it is
One of those white summer days,
The tall grass of your ankles
Flickers upon the sbore—
Which shore? —
The sand clings to my lips—
Which shore?
Agh, petals maybe. How
Should I know?
Which shore? Which shore?
I said petals from an appletree.

130. A Girl

—— E. Pound

The tree has entered my hands,
The sap has ascended my arms,
The tree has grown in my breast—
Downward,
The branches grow out of me, like arms.

Tree you are,
Moss you are,
You are violets with wind above them.
A child—so high—you are,
And all this is folly to the world.

131. Simulacra

—— E. Pound

Why does the horse-faced lady of just the unmentionable age
Walk down Longacre reciting Swinburne to herself, inaudibly?
Why does the small child in the soiled-white imitation fur coat
Crawl in the very black gutter beneath the grape stand?
Why does the really handsome young woman approach me in Sackville Street
Undeterred by the manifest age of my trappings?

132. Black Slippers: Bellotti*

—— E. Pound

At the table beyond us
With her little suede slippers off,
With her white-stocking'd feet
Carefully kept from the floor by a napkin,
She converses:

"Connaissez-vous Ostende?"**

The gurgling Italian lady on the other side of the restaurant
Replies with a certain hauteur,
But I await with patience,
To see how Celestine will re-enter her slippers.
She re-enters them with a groan.

---

* 伦敦城里一个餐馆的名字。

* 法文，意为"Dressed as for a state occasion"，是法国诗人萨曼的诗句。

133. In a Station of the Metro

—— E. Pound

The apparition of these faces in the crowd;
Petals on a wet, black bough.

134. The Garden

—— E. Pound

En robe de parade*

——SAMAIN

Like a skein of loose silk blown against a wall
She walks by the railing of a path in Kensington Gardens,
And she is dying piecemeal
Of a sort of emotional anemia.

And round about there is a rabble
Of the filthy, sturdy, unkillable infants of the very poor.
They shall inherit the earth.

In her is the end of breeding.
Her boredom is exquisite and excessive.
She would like some one to speak to her,
And is almost afraid that I
Will commit that indiscretion.

---

* 法文，意为"Dressed as for a state occasion"，是法国诗人萨曼的诗句。

135. Ballatetta

—— E. Pound

The light became her grace and dwelt among
Blind eyes and shadows that are formed as men;
Lo, how the light doth melt us into song:

The broken sunlight for a healm' she beareth
Who hath my heart in jurisdiction.
In wild-wood never fawn nor fallow fareth
So silent light; no gossamer' is spun
So delicate as she is, when the sun
Drives the clear emeralds from the bended grasses
Lest they should parch too swiftly, where she passes.

136. Helen

—— H. Doolittle

All Greece hates
The still eyes in the white face,
The lustre as of olives
Where she stands,
And the white hands.

All Greece reviles
The wan face when she smiles,
Hating it deeper still
When it grows wan and white,
Remembering past enchantments
And past ills.

Greece sees, Unmoved,
God's daughter, born of love,
The beauty of cool feet
And slenderest knees,
Could love indeed the maid,
Only if she were laid,
White ash amid funereal cypresses.

137. Piazza Piece

—— J. C. Ransom

—I am a gentleman in a dustcoat trying.
To make you hear. Your ears are soft and small.
And listen to an old man not at all.
They want the young men's whispering and sighing.
But see the roses on your trellis dying.
And hear the spectral singing of the moon;
For I must have my lovely lady soon,
I am a gentleman in a dustcoat trying.

—I am a lady young in beauty waiting.
Until my truelove comes, and then we kiss.
But what grey man among the vines is this.
Whose words are dry and faint as in a dream?
Back from my trellis, Sir, before I scream!
I am a lady young in beauty waiting.

138. I, Being Born a Woman and Distressed

—— E. Millay

I, being born a woman and distressed
By all the needs and notions of my kind,
Am urged by your propinquity to find
Your person fair, and feel a certain zest
To bear your body's weight upon my breast:
So subtly is the fume of life designed,
To clarify the pulse and cloud the mind,
And leave me once again undone, possessed.
Think not for this, however, the poor treason
Of my stout blood against my staggering brain,
I shall remember you with love, or season
My scorn with pity, —let me make it plain:
I find this frenzy insuffcient reason
For conversation when we meet again.

139. When Life Is Quite Through With

——E. E. Cummings

When life is quite through with
And leaves say alas,
Much is to do
For the swallow, that closes
A flight in the blue;

When love's had his tears out,
Perhaps shall pass
A million years.
(While a bee dozes
On the poppies, the dears;

When all's done and said, and
Under the grass
Lies her head
By oaks and roses
Deliberated.)

140. To Aunt Rose

—— A. Ginsberg

Aunt Rose—now—might I see you
With your thin face and buck tooth smile and pain
Of rheumatism—and a long black heavy shoe
For your bony left leg
Limping down the long hall in Newark on the running carpet
Past the black grand piano
In the day room
Where the parties were
And I sang Spanish loyalist songs
In a high squeaky voice
(Hysterical)the committee listening
While you limped around the room
Collected the money—
Aunt Honey, Uncle Sam, a stranger with a cloth arm
In his pocket
And huge young bald head
Of Abraham Lincoln Brigade

—Your long sad face
Your tears of sexual frustration

(What smothered sobs and bony hips
Under the pillows of Osborne Terrace)
—The time I stood on the toilet seat naked
And you powdered my thighs with Calomine
Against the poison ivy—my tender
And shamed first black curled hairs
What were you thinking in secret heart then
Knowing me a man already—
And I an ignorant girl of family silence on the thin pedestal
Of my legs in the bathroom—Museum of Newark.
Aunt Rose
Hitler is dead, Hitler is in Eternity; Hitler is with
Tamburlane and Emily Bronte

Though I see you walking still, a ghost on Osborne Terrace
Down the long dark hall to the front door
Limping a little with a pinched smile
In what must have been a silken
Flower dress
Welcoming my father, the Poet, on his visit to Newark
—See you arriving in tne living room
Dancing on your crippled leg
And clapping hands his book
Had been accepted by Liveright

Hitler is dead and Liveright's gone out of business
The Attic of the Past and *Everlasting Minute* are out of print
Uncle Harry sold his last silk stocking
Claire quit interpretive dancing school
Buba sits a wrinkled monument in Old
Ladies Home blinking at new babies.

Last time I saw you was the hospital
Pale skull protruding under ashen skin
Blue veined unconscious girl
In an oxygen tent
The war in Spain has ended long ago
Aunt Rose

141. From a Survivor

—— A. Rich

The pact that we made was the ordinary pact
Of men & women in those days

I don't know who we thought we were
That our personalities
Could resist the failures of the race
Lucky or unlucky, we didn't know
The race had failures of that order
And that we were going to share them

Like everybody else, we thought of ourselves as special

Your body is as vivid to me
As it ever was: even more

Since my feeling for it is clearer:
I know what it could do and could not do

It is no longer
The body of a god

Or anything with power over my life

Next year it would have been twenty years
And you are wastefully dead
Who might have made the leap
We talked, too late, of making
Which I live now
Not as a leap
But a succession of brief, amazing movements

Each one making possible the next

142. Metaphor

—— S. Plath

I'm a riddle in nine syllables,
An elephant, a ponderous house,
A melon strolling on two tendrils.
O red fruit, ivory, fine timbers!
This loaf's big with its yeasty rising.
Money's new-minted in this fat purse.
I'm a means, a stage, a cow in calf.
I've eaten a bag of green apples,
Boarded the train there's no getting off.

143. Poppies in October

—— S. Plath

Even the sun-clouds this morning cannot manage such skirts.
Nor the woman in the ambulance
Whose red heart blooms through her coat so astoundingly—

A gift, a love gift
Utterly unasked for
By a sky

Palely and flamily
Igniting its carbon monoxides, by eyes
Dulled to a halt under bowlers.

O my God, what am I
That these late mouths should cry open
In a forest of frost, in a dawn of cornflowers.

144. The Rival

—— S. Plath

If the moon smiled, she would resemble you.
You leave the same impression
Of something beautiful, but annihilating.
Both of you are great light borrowers.
Her O-mouth grieves at the world; yours is unaffected.

And your first gift is making stone out of everything.
I wake to a mausoleum; you are here,
Ticking your fingers on the marble table, looking for cigarettes,
Spiteful as a woman, but not so nervous,
And dying to say something unanswerable.

The moon, too, abases her subjects,
But in the daytime she is ridiculous.
Your dissatisfactions, on the other hand,
Arrive through the mailslot with loving regularity,
White and black, expansive as carbon monoxide.

No day is safe from news of you,
Walking about in Africa maybe, but thinking of me.

145. Tulips

—— S. Plath

The tulips are too excitable, it is winter here.
Look how white everything is, how quiet, how snowed-in.
I am learning peacefulness, lying by myself quietly
As the light lies on these white walls, this bed, these hands.
I am nobody; I have nothing to do with explosions.
I have given my name and my day-clothes up to the nurses
And my history to the anaesthetist and my body to surgeons.

They have propped my head between the pillow and the sheet-cuff
Like an eye between two white lids that will not shut.
Stupid pupil, it has to take everything in.
The nurses pass and pass, they are no trouble,
They pass the way gulls pass inland in their white caps,
Doing things with their hands, one just the same as another,
So it is impossible to tell how many there are.

My body is a pebble to them, they tend it as water
Tends to the pebbles it must run over, smoothing them gently.
They bring me numbness in their bright needles, they bring me sleep.
Now I have lost myself I am sick of baggage—

My patent leather overnight case like a black pillbox,
My husband and child smiling out of the family photo;
Their smile catch onto my skin, little smiling hooks.

I have let things slip, a thirty-year-old cargo boat
Stubbornly hanging on to my name and address.
They have swabbed me clear of my loving associations.
Scared and bare on the green plastic-pillowed trolley
I watched my tea-set, my bureaus of linen, my books
Sink out of sight, and the water went over my head.
I am a nun now, I have never been so pure.

I didn't want any flowers, I only wanted
To lie with my hands turned up and be utterly empty.
How free it is, you have no idea how free—
The peacefulness is so big it dazes you,
And it asks nothing, a name tag, a few trinkets.
It is what the dead close on, finally; I imagine them
Shutting their mouths on it, like a Communion tablet.

The tulips are too red in the first place, they hurt me.
Even through the gift paper I could hear them breathe
Lightly, through their white swaddlings, like an awful baby.
Their redness talks to my wound, it corresponds.
They are subtle: they seem to float, though they weigh me down,

Upsetting me with their sudden tongues and their color,
A dozen red lead sinkers round my neck.

Nobody watched me before, now I am watched.
The tulips turn to me, and the window behind me
Where once a day the light slowly widens and slowly thins,
And I see myself, flat, ridiculous, a cut-paper shadow
Between the eye of the sun and the eyes of the tulips,
And I have no face, I have wanted to efface myself.
The vivid tulips eat my oxygen.

Before they came the air was calm enough,
Coming and going, breath by breath, without any fuss.
Then the tulips filled it up like a loud noise.
Now the air snags and eddies round them the way a river
Snags and eddies round a sunken rust-red engine.
They concentrate my attention, that was happy
Playing and resting without committing itself.

The walls, also, seem to be warming themselves.
The tulips should be behind bars like dangerous animals;
They are opening like the mouth of some great African cat,
And I am aware of my heart: it opens and closes
Its bowl of red blooms out of sheer love of me.
The water I taste is warm and salt, like the sea,
And comes from a country far away as health.